LES FONDAMENTAUX
LA BIBLIOTHÈQUE DE BASE DE L'ÉTUDIANT
EN LET⸱
— 1er cy

GW00602033

SYNTAXE
DU FRANÇAIS

Dominique Maingueneau

Professeur de linguistique française à l'université d'Amiens

HACHETTE

LES FONDAMENTAUX
LA BIBLIOTHÈQUE DE BASE DE L'ÉTUDIANT
EN LETTRES
— 1er cycle —

Dans la même collection :

L'énonciation en linguistique française (D. Maingueneau)
La littérature latine : 1. L'époque républicaine (J.-P. Néraudau)

Du même auteur, chez le même éditeur :

Initiation aux méthodes de l'analyse du discours, Paris, Hachette, 1976 (épuisé).

Linguistique française. Notions fondamentales, Phonétique, Lexique (en collaboration avec J.-L. Chiss et J. Filliolet), Paris, Hachette, Nlle éd. 1993.

Linguistique française. Communication, Syntaxe, Poétique, Paris, Hachette, Nlle éd., 1992.

Nouvelles tendances en analyse du discours, Paris, Hachette, 1987.

L'Analyse du discours. Introduction aux lectures de l'archive, Paris, Hachette, 1994.

ISBN 2-01-144915-4

© HACHETTE LIVRE, Paris, 1994.

Avant-propos

Ce manuel ne constitue pas une « grammaire du français », ni une description complète de la syntaxe du français, mais un cours d'introduction *à la syntaxe du français. Les étudiants qui abordent l'université sont loin d'être ignorants en matière de grammaire : à travers les cours de français qu'ils ont reçus et l'étude des langues vivantes ou mortes, ils ont acquis un savoir grammatical souvent considérable mais confus. Le but d'un cours d'introduction, nous semble-t-il, est de leur donner des* cadres *pour organiser leurs connaissances. Cela implique deux tâches indissociables :*

— Décrire *les catégories et les modes d'organisation essentiels, en n'hésitant pas à lier des phénomènes que la grammaire scolaire range dans des rubriques disjointes. Au lieu de s'en tenir à la classification des formes, il convient de privilégier ce qui facilite l'intelligence des* fonctionnements *syntaxiques majeurs.*

— Initier au *raisonnement linguistique, ou, plus modestement, aider à acquérir certains gestes dans l'appréhension de la langue.*

Parfois cela nous amènera à indiquer qu'il existe diverses hypothèses pour rendre compte d'un phénomène. Par là il ne s'agit pas de soulever des doutes pour le plaisir, mais de garder un équilibre entre deux exigences a priori *difficilement compatibles :* délivrer un savoir *sur l'ensemble de la syntaxe du français et* faire réfléchir *sur les faits de langue.*

Dans un volume aussi réduit il ne pouvait être question de présenter la morphologie verbale, les règles d'accord des adjectifs ou les emplois des déterminants dans toute leur complexité. Si nous avions voulu parcourir dans le détail la syntaxe du français, nous aurions été obligé de tellement concentrer la matière qu'il n'y aurait eu place que pour une série de tableaux et d'assertions dogmatiques. Nous avons donc dû nous résigner aux simplifications et aux raccourcis qui nous ont semblé les moins domma-geables pour la formation grammaticale.

Enseigner la linguistique, à notre sens, ce n'est pas tant vulgariser des théories que les adapter aux conditions d'un enseignement déterminé. Autant dire que l'éclectisme ne nous semble pas un défaut. Comme il n'existe pas de « données » linguistiques et qu'il faut maintenir une cohé-rence minimale dans l'exposé nous nous sommes inspiré de la grammaire générative, librement adaptée aux exigences de la pédagogie universitaire. En matière de syntaxe, la grammaire générative, sous sa forme « popu-laire », a l'avantage de s'appuyer sur une conception géométrique de la langue, de raisonner en termes de domaines et de frontières. Nous n'accéde-rons pas pour autant, sinon de manière marginale, à une véritable explica-tion des phénomènes. Pour y parvenir, il aurait fallu entrer dans le détail d'une théorie particulière du langage. Ce qui n'est pas un objectif raisonna-ble dans la première étape d'un cursus.

Nous avons essayé d'être le plus explicite qu'il est possible, mais un volume consacré à la syntaxe n'est pas une initiation à la linguistique. Nous avons donc été contraint d'admettre que notre lecteur dispose d'un certain bagage linguistique, que nous avons supposé minimal. Etant donné qu'il existe dans la même collection un volume consacré au lexique et un autre à l'énonciation, nous avons laissé de côté les phénomènes qui sont traités dans ces deux ouvrages ; en particulier la dérivation et la composition lexi-cales, les modes et les temps, le discours rapporté, les embrayeurs.

Table des matières

– 1 –

Notions fondamentales

I - LA SYNTAXE

Traditionnellement on distingue divers composants dans la grammaire, qui sont censés correspondre à autant de composants dans la langue :

— Un composant **syntaxique**, qui étudie les règles de combinaison des unités linguistiques ;

— Un composant **morphologique**, qui étudie la forme de ces unités, tant du point de vue de la dérivation (préfixation et suffixation) et de la composition que de la flexion (variation en genre, cas, personne...) ;

— Un composant **sémantique** (contenant lui-même un composant **lexical**), qui prend en charge le sens des énoncés ;

— Un composant **phonétique**, qui s'intéresse à la manifestation sonore de la langue.

La grammaire scolaire, très marquée par le latin et le grec, qui sont des langues à déclinaison, a eu tendance à privilégier la *morphologie* au détriment de la *syntaxe*. On étudiait dans le détail les diverses « parties du discours » (nom, article, verbe...), leur variation en genre, en nombre, en personne..., mais on s'intéressait peu à l'organisation de la *phrase* ou des *groupes syntaxiques* (groupe nominal, verbal...). Avec le développement de la linguistique moderne la syntaxe est passée au premier plan, mais les diverses théories linguistiques ne s'accordent pas sur le rôle qu'il convient de lui attribuer. Certains y voient le composant central de la langue ; d'autres donnent la primauté à la sémantique ; d'autres se refusent à hiérarchiser les composants et donnent à chacun une autonomie relative. Débat qui croise lui-même une question essentielle : les divers composants obéissent-ils à des principes communs ? En d'autres termes, la langue est-elle une structure homogène ? Dans le cadre d'un volume d'initiation nous ne pouvons entrer dans ces problèmes. Nous nous contenterons de nous appuyer sur la conception traditionnelle de la syntaxe comme étude des relations entre les unités de la chaîne verbale.

A/ Spécificité de la syntaxe

Si l'on circonscrit un composant syntaxique, c'est parce qu'on repère aisément des divergences entre le *sens* et quelque chose que l'on attribue à une organisation *syntaxique*. Considérons ces trois énoncés :

(1) Jean regrette son pays
(2) Jean est nostalgique de la région où il a vécu
(3) Luc promène le chien

Des énoncés (1) et (2) on peut dire que dans un contexte déterminé ils ont à peu près le même sens. Pourtant, les catégories de mots utilisées et leurs relations y sont très différentes. En revanche, (1) et (3) ont beau avoir des significations très éloignées l'une de l'autre, d'un certain point de vue, celui précisément de la syntaxe, on a affaire à une « même » structure, quelque chose ne varie pas : les *catégories* et leurs *relations*.

On parle ici de *structure* syntaxique parce qu'un énoncé n'est pas une simple suite de mots, mais qu'il existe des contraintes sur les types d'unités et les combinaisons dans lesquelles elles peuvent entrer. Cette structure ressort de manière exemplaire dans les cas d'*ambiguïté syntaxique* où l'on peut associer au moins deux structures syntaxiques à une même suite de mots. Ainsi,

Léon a vu le bouquet de sa chambre

peut-il recevoir deux interprétations. Dans l'une *de sa chambre* est complément de *bouquet*, étant inclus dans le « groupe nominal » *le bouquet de sa chambre*. Dans l'autre il s'agit d'un complément circonstanciel de lieu, qui peut changer de place :

De sa chambre Léon a vu le bouquet

Dans les deux interprétations *de sa chambre* relève de la même **catégorie** (en l'occurrence, c'est un « groupe prépositionnel ») mais sa **fonction**, la relation qu'il entretient avec les autres constituants, diffère.

Un phénomène aussi remarquable que l'ambiguïté syntaxique montre qu'un énoncé n'est pas une simple juxtaposition de mots mais qu'il inscrit ces mots dans un réseau de dépendances, une *structure* syntaxique. Dire que la syntaxe constitue un domaine qui a ses règles propres n'implique pas pour autant qu'il soit isolé. Il faut bien qu'il s'articule sur les autres composants de la langue. Un phénomène comme l'*accord* entre nom et adjectif épithète ou entre nom et verbe est à la fois syntaxique et morphologique : il s'agit bien d'un phénomène morphologique (la variation des désinences des noms, des adjectifs, des verbes), mais qui est réglé par les relations syntaxiques. De même, des phénomènes *phonétiques* comme la liaison (cf. le -*z*- entre *vais* et *à* dans *Je vais à Paris*), l'élision (*l'idiot* au lieu de **le idiot*) ou l'accentuation sont contraints par la syntaxe. On ne fera pas d'élision, par exemple, pour des mots qui n'appartiennent pas au même groupe syntaxique ; ainsi entre *le* et *à* dans *Donne-le à Paul* : en effet, *le* est associé au verbe, et non au groupe *à Paul*.

B/ Places et positions

Les structures syntaxiques ne sont pas lisibles à l'œil nu. Il faut savoir aller au-delà de l'arrangement immédiat des unités de la chaîne parlée. Considérons ces énoncés :

(1) Avec Jean le patron discute souvent
(2) Le patron discute souvent avec Jean
(3) Le patron avec Jean discute souvent

Avec Jean n'occupe pas la même place dans ces trois phrases. Pourtant, on dira spontanément qu'il s'agit de la « même » phrase. Les constituants et leurs relations (*avec Jean* est chaque fois complément du verbe *discute*), le sens qui en résulte sont en effet identiques, du moins si l'on néglige le phénomène d'insistance. Nous nous trouvons ici dans une situation en quelque sorte symétrique de l'ambiguïté syntaxique. *Là où on avait différentes structures syntaxiques pour une même suite de mots, voici que nous avons des combinaisons différentes des mêmes mots auxquelles on associe la même structure syntaxique.* Si dans (1), (2), (3) nous pouvons avancer qu'il s'agit bien de la *même* structure, qu'en dépit des variations de place les relations entre les mots restent stables, c'est par contraste avec des exemples comme ceux-ci :

(4) Le chat attaque le chien
(5) Le chien attaque le chat

Ici les mots ont beau être identiques et appartenir aux mêmes catégories, on n'a plus affaire à la même phrase, car les relations entre les constituants ont été modifiées.

Il convient donc de distinguer entre *deux niveaux de représentation* de la phrase : celui des **places** et celui des **positions**, pour reprendre la terminologie de J.-C. Milner. Les « positions », qui résultent des relations de dépendance entre les termes, restent identiques en (1), (2) et (3), seules changent les « places ». En revanche pour (4) et (5) ce sont les *positions* qui ont changé, et pas seulement les *places*. On n'exagèrera pourtant pas la divergence entre places et positions. Une catégorie n'est pas toujours susceptible de s'éloigner de sa position canonique, normale. Pour s'en persuader il suffit de comparer avec (1)-(3) les énoncés (6)-(7) (la présence d'un astérisque indique que l'énoncé qui suit est agrammatical) :

(6) *Patron le discute avec lui
(7) *Son vendeur le patron licencie

(6) est totalement exclu ; en (7) on voit qu'un complément d'objet direct comme *son vendeur* n'a pas autant de possibilités de mouvement qu'un complément du verbe précédé de *avec*.

On verra néanmoins qu'il existe certaines fonctions auxquelles on ne peut pas assigner de position fixe dans la phrase. Ainsi les groupes dits « circonstanciels » ou certains types d'adverbes :

(1) *Depuis hier* il est malade
(1') Il est malade *depuis hier*
(2) *Malheureusement*, Paul est venu
(2') Paul est venu, *malheureusement*

C/ Lexique et syntaxe

La syntaxe joue un rôle fondamental pour l'interprétation des énoncés puisqu'elle établit les dépendances entre les constituants : *la sœur de l'amie* n'est pas *l'amie de la sœur, le chat tue le rat* n'est pas *le rat tue le chat.* Néanmoins, le sens d'un énoncé ne résulte pas des seules relations syntaxiques : l'interprétation s'appuie aussi sur le **lexique**, sur un ensemble d'unités pourvues d'un sens relativement stable, *indépendant* de la multitude d'énoncés dans lesquels ils peuvent entrer.

Une unité lexicale possède par elle-même des propriétés de trois ordres, que mentionnent les dictionnaires de langue :

— Elle appartient à une ***catégorie*** : *le* est un article, *rat* un nom, etc. On retrouve ici les traditionnelles « parties du discours ».

— Elle possède également une ***forme phonologique***, c'est-à-dire un signifiant ; c'est cette suite de phonèmes dont elle est constituée qui lui assure son identité, qui la distingue des autres.

— Elle possède enfin un ***signifié***, une signification, que les dictionnaires de langue s'efforcent de capter à travers leurs définitions.

A côté de ces propriétés qui concernent toutes les unités lexicales il existe des propriétés qu'on peut dire **relationnelles**, quand une unité exige de se combiner avec telles ou telles autres. Dire d'un verbe qu'il est « transitif », par exemple, c'est indiquer qu'il appelle un complément ; dire qu'il est « transitif direct », c'est spécifier que ce complément n'est pas régi par une préposition. Outre les *verbes*, il existe des *noms,* des *adjectifs* et des *prépositions* dotés de propriétés relationnelles. Ainsi l'adjectif *propice* appelle des compléments en *à*, le nom *pensée* des propositions complétives et la préposition *avec* des groupes nominaux :

La nuit est propice *aux crimes*
La pensée *qu'il m'attend* m'empêche de dormir
La vie est facile avec *ton frère*

Quand une unité lexicale en appelle ainsi une autre, toutes deux sont incluses dans le même **groupe**, la même **catégorie majeure** : *propice aux crimes*
constitue un « groupe adjectival », *la pensée qu'il m'attend* un « groupe
nominal », *avec ton frère* un « groupe prépositionnel ».

Les lexicologues attachent une grande importance à ces propriétés relationnelles lorsqu'il s'agit de diagnostiquer des homonymies lexicales, c'est-
à-dire de traiter comme des unités lexicales distinctes des termes qui ont un
signifiant identique. Dans

(1) Le ciment *prend*
(2) Paul *prend* le marteau

la divergence entre les signifiés va de pair avec une divergence dans les
propriétés relationnelles : en (1) *prendre* est intransitif, en (2) il est transitif direct.

Plus exactement, ces propriétés relationnelles mettent en œuvre *deux* relations de natures différentes. Les unes spécifient la **catégorie** des unités appe-
lées, les autres leur **sens**. La notion de « complément » mélange les deux.
Un verbe comme *coudre,* par exemple, appelle un complément direct qui
doit être un groupe nominal ; on parle dans ce cas de relation de **sous-
catégorisation**. Mais ce verbe *coudre* prescrit aussi que, sauf emplois métaphoriques, son complément doit être un objet matériel susceptible d'être fixé
par un fil. Cette fois il s'agit d'une relation *sémantique,* liée au sens du
verbe, dite relation de **sélection**.

Nous avons dit que le sens des unités lexicales était relativement *stable.*
Cette stabilité peut néanmoins prendre des tours variés selon le type d'unité
lexicale concerné. Quand il s'agit de morphèmes grammaticaux, comme les
articles, les conjonctions, les marques de temps, etc., ce « sens » n'est pas
définissable comme celui de termes qui peuvent référer à des objets concrets
(*homme, table*...) ou des événements (*chute, arrivée*...). Il s'agit souvent de
règles très abstraites permettant d'assigner une interprétation au terme dans
un contexte déterminé. L'article défini, par exemple, peut avoir des valeurs
très variées : *la Callas, la veille, l'être humain, la vérité, le chat de Paul,
l'accès à l'autoroute,* etc. Dans ce dernier cas le « sens », c'est un ensemble
d'instructions permettant de construire des interprétations multiples. On
pourrait dire la même chose de prépositions comme *pour* ou *avec*, qui pren-

nent des valeurs diversifiées : *Pour ce qui me concerne, pour le moment je travaille pour Paul...* Même quand il s'agit d'unités lexicales référant à des êtres ou des processus concrets le sens n'est pas une entité fixe, il ne va pas sans déformations ni glissements : en principe le verbe *dévorer* sélectionne un sujet animé, mais l'énoncé *Cette année la montagne a encore dévoré trop d'imprudents* n'a rien de bizarre, la métaphore faisant partie du fonctionnement normal de la langue.

Les propriétés **morphologiques**, le fait que *table* varie en nombre, que *dormir* varie en temps et en mode, etc. ne sont pas attachées à chaque unité lexicale en particulier, mais à la **catégorie** dont elle relève. Ce n'est pas parce qu'il s'agit du verbe *dormir* que ce dernier possède une conjugaison, mais parce qu'il s'agit d'un verbe. Il ne s'agit donc pas d'une propriété lexicale. Néanmoins, dans le lexique il existe des termes dont le sens a une incidence sur la morphologie : l'adjectif *enceinte* n'a pas de masculin, les verbes météorologiques n'ont pas de 1re ou de 2e personne (**Je grêle*), etc.

II - QUELQUES PRINCIPES DE CONSTRUCTION

A/ Catégories majeures

Les compléments se trouvent en règle générale dans le voisinage immédiat des unités lexicales dont ils dépendent ; ils forment avec elles des **groupes** : le **groupe nominal (GN)**, le **groupe adjectival (GA)**, le **groupe verbal (GV)** et le **groupe prépositionnel (GP).** Ce dernier peut avoir pour tête une locution prépositionnelle et non une préposition élémentaire : *au moyen de, grâce à...*

Ce sont ces groupes qui sont concernés par les traditionnelles « fonctions » syntaxiques : c'est le *groupe nominal* dans son ensemble, et pas le *nom* seul, qui peut être sujet ; c'est l'ensemble du *groupe adjectival* qui est épithète, et pas l'*adjectif* seul. Dans la phrase *L'ombre de l'arbre s'allonge* le sujet n'est pas *ombre* ni même *l'ombre* mais le groupe nominal *l'ombre de l'arbre.*

Les groupes syntaxiques présentent des similitudes remarquables dans leur structure : ils comportent une **tête** ; un **spécifieur**, des **compléments**.

◆ Une tête

Le groupe a une *tête* unique, qui lui donne son nom : le « groupe adjectival » est ainsi dénommé parce que sa tête est un adjectif. La tête est *obligatoire* (pas de groupe adjectival sans adjectif) et c'est elle qui confère ses propriétés référentielles au groupe : si le groupe adjectival peut référer à une qualité, c'est parce que l'adjectif possède cette propriété ; si le *groupe nominal* peut référer à un segment de réalité, c'est parce que le *nom* possède cette propriété.

◆ Un spécifieur

A gauche de la tête se trouve une position de *spécifieur*, où se placent en général des éléments qui *déterminent* la tête. La position de spécifieur du nom, par exemple, peut être occupée par des éléments comme *ce, mon, quelques, tous les, ces trois...* ; celle de l'adjectif par des éléments comme *très, vraiment...* ; celle de la préposition par des éléments comme *peu, très...* (« très loin de la ville »). On verra que le spécifieur du verbe pose des problèmes particuliers (voir *infra* p. 33). On aura noté que la position Spécifieur n'est pas nécessairement occupée par une catégorie élémentaire : ainsi *tous les* joue le rôle de déterminant, bien qu'il soit constitué de deux catégories élémentaires.

◆ Des compléments

La tête peut appeler des **compléments** de diverses catégories, qui contribuent également à sa détermination :

Des *groupes nominaux* compléments du verbe (*Il chasse le lion*), de la préposition (*avec mon cheval*) ;
Des *phrases* compléments du nom (*L'idée qu'il vienne m'effraie*), du verbe (*Je veux qu'il vienne*), de l'adjectif (*Je suis heureux qu'il vienne*), de la préposition (*Je fais tout pour qu'il vienne*) ;
Des *groupes prépositionnels* compléments du nom (*Le livre sur la table*), du verbe (*Il a misé sur le cheval*), de l'adjectif (*confiant dans l'avenir*).
Des *groupes adjectivaux* compléments du nom (*Un livre assez ennuyeux*) ou du verbe (*Paul est devenu arrogant*).

Un groupe est souvent *inclus dans un autre groupe*. Le GA, par exemple, peut avoir des compléments, mais il est lui-même complément de la tête du

GN. A son tour, le GN peut être complément d'une préposition s'il est inclus dans un GP. Dans la phrase :

Je vis dans une maison riche en souvenirs

en souvenirs (GP) est inclus dans le GA *riche en souvenirs*, qui lui-même est inclus dans le GN *une maison riche en souvenirs,* lui-même inclus dans le GP *dans une maison riche en souvenirs.*

Ces groupes à tête lexicale et la *phrase* sont dits des **catégories majeures.** La phrase ne se situe pas sur le même plan que les groupes : catégorie *maximale*, elle définit l'espace dans lequel ils entrent en relation les uns avec les autres. Elle les inclut sans être elle-même incluse dans une catégorie supérieure. C'est en outre une catégorie sans tête *lexicale* : à la différence des GN, GP, GA, GV, elle ne s'organise pas autour d'une tête qui régirait des compléments.

Mais cela ne l'empêche pas d'être éventuellement incluse à l'intérieur de ces groupes, de leur être « subordonnée ». Dans

Paul défend l'idée *que Jean a revu Sophie*

la séquence *a revu Sophie* est un GV, inclus dans une phrase. Cette phrase est à son tour incluse dans un GN (*l'idée que Jean a revu Sophie*), lui-même inclus à un niveau supérieur dans un GV (*défend l'idée que Jean a revu Sophie*). Mais en dernière instance ce GV lui-même est inclus dans une phrase plus élevée (*Paul défend l'idée que Jean a revu Sophie*). C'est donc la phrase qui constitue la catégorie *ultime.*

La phrase en tant que telle n'a pas de fonction, elle est le cadre à l'intérieur duquel se définissent ces fonctions. Dans notre exemple *Sophie* ou *Jean* ont une fonction mais l'ensemble de la phrase n'en a pas. On pourrait objecter que la subordonnée *que Jean a revu Sophie* possède une fonction puisqu'elle est complément de *l'idée* ; en fait, ce n'est pas en tant que phrase qu'elle a cette fonction *mais parce qu'elle occupe une position qui peut être occupée par un GN.*

Une des propriétés remarquables des langues naturelles en matière d'inclusion de catégories est la **récursivité** : une même catégorie peut se dominer elle-même un nombre indéfini de fois. Par exemple une phrase relative peut en inclure une autre, et ainsi de suite à l'infini : *l'homme qui a vu la femme qui a vu le chat qui a tué l'oiseau qui...* De même pour un groupe prépositionnel : *le fils de l'ami de la sœur de la fille du voisin de...* On a donc la possibilité, évidemment inexploitable, de construire des phrases infinies, jamais achevées.

B/ La représentation arborescente

Le phénomène d'inclusion des catégories élémentaires dans des catégories majeures, des catégories majeures les unes dans les autres explique que l'on ait pu utiliser des schémas d'emboîtements pour représenter la structure des phrases. Le plus courant est le graphe arborescent, communément appelé **arbre**.

Le principe en est simple : tout constituant est rattaché par une *branche* à l'élément dont il est un constituant. On appelle **nœuds** les points d'où partent des branches. Ces nœuds portent des étiquettes, des symboles qui désignent des catégories syntaxiques. A côté de GN, GP, GA, GV on trouve aussi leurs corrélats : **N** (= nom), **P** (= préposition), **A** (= adjectif), **V** (= verbe). Pour la phrase on utilise souvent **S** (de l'anglais « Sentence ») plutôt que P pour ne pas créer de confusion avec la préposition ; on peut néanmoins utiliser P pour « Phrase » quand on recourt à Pr ou à Prep pour « Préposition ».

Dans une catégorie majeure les règles de la syntaxe peuvent concerner les catégories élémentaires (N, V, P, A), le groupe entier (GN, GV, GP, GA), ou seulement la combinaison entre la tête et ses compléments. Pour avoir une notation homogène et suffisamment souple pour distinguer ces trois niveaux la grammaire générative recourt à un procédé commode. Pour le GN *le chat blanc,* par exemple, *chat* est noté N, *chat blanc* est noté N' et *le chat blanc* N''. En d'autres termes,

— la tête est notée X ;
— la tête associée avec son complément est notée X' ;
— la combinaison du Spécifieur et de X'est notée X''.

On peut donc à la place de GN, GA, GV, GP utiliser les symboles N'', A'', V'', P''.

L'enseignement de la grammaire a largement diffusé ce type de représentation arborescente qui présente l'avantage de visualiser les informations de divers ordres qui ressortent de l'analyse d'une phrase :

— Les *catégories syntaxiques* des constituants : telle unité lexicale est un nom, telle autre un verbe...

— Leur *hiérarchie*, avec au sommet un symbole S et en bas les catégories élémentaires (article, verbe, nom...) auxquelles correspondent des unités lexicales.

— Les *relations de dépendance* entre catégories majeures et à l'intérieur de chacune d'elles. Ainsi dans l'énoncé *Le chat a disparu* existe-t-il une relation entre *le* et *chat* (relation à l'intérieur du GN), mais aussi entre le GN *le chat de mon voisin* et le GV *a disparu* (relation entre catégories majeures).

La structure arborescente permet également de souligner une autre propriété des langues naturelles, moins souvent explicitée : *l'absence de relations entre des éléments qui ne sont pas associés dans un même domaine syntaxique*, qui ne sont pas « voisins ». Ce principe d'organisation, qui interdit beaucoup de relations, contribue grandement à simplifier la structure syntaxique, et donc à assurer l'efficacité du langage.

Soit la phrase *Un ami a ramené la valise.* On pourrait la représenter par cet arbre très simplifié :

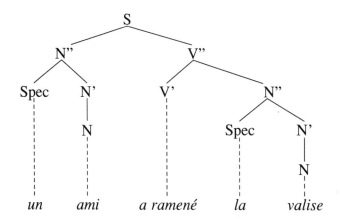

Le déterminant du nom, *un,* n'a de relation syntaxique qu'à l'intérieur de son domaine, le GN : il n'existe pas de relation entre *un* et *la valise* ou *un* et *ramené,* ni même entre *un ami* et *la valise.* Mais *un ami* en tant que groupe sujet a une relation avec le GV *l'a ramené* car ils sont tous deux des constituants d'un même domaine, en l'occurrence la phrase. Réciproquement, *ami* a beau être matériellement contigu à *a ramené,* ces deux termes n'entretiennent pas de relation directe car ils n'appartiennent pas au même domaine.

Dans ce petit ouvrage nous n'allons pas utiliser les représentations en arbres, qui ne sont pédagogiquement efficaces qu'à un niveau élémentaire. Dès qu'on aborde des phénomènes un peu complexes on rencontre de gros problèmes. Comment représenter les marques de temps, de nombre, de genre... ? Comment traiter les dislocations, les appositions, les éléments clitiques (cf.*infra* p. 37) ? Que faire des catégories à position variable comme les circonstanciels ou un grand nombre d'adverbes ? Tous ces problèmes trouvent des solutions dans des modèles sophistiqués, mais ils dépassent largement le propos d'une introduction.

C/ Un principe d'unicité

La syntaxe est soumise à quelques principes d'organisation très généraux. Nous venons ainsi d'évoquer le principe d'emboîtement des catégories qui contraint fortement la mise en relation de catégories dans une phrase. Il en est un autre que les grammaires traditionnelles ne mentionnent pas, tant il semble évident, le **principe d'unicité**, selon lequel il ne peut y avoir deux éléments de même nature dans le même domaine syntaxique. Si l'on trouve deux éléments de même catégorie dans un même groupe syntaxique ils ne peuvent donc y jouer le même rôle. Dans la phrase suivante où il semble que le verbe régisse deux GN compléments directs (*ton fils* et *président*) on peut prédire qu'en fait ces deux GN ne jouent pas le même rôle :

L'association a élu ton fils président

De fait, la tradition grammaticale se refuse à considérer que l'on ait ici deux GN objets directs (*ton fils* et *président*). On voit dans le premier un objet direct et dans le second un « attribut de l'objet ».

S'il arrive que deux GN se succèdent avec, apparemment, la même fonction, il s'agit alors de coordinations ou d'éléments séparés par une pause, qu'ils soient juxtaposés ou en apposition détachée :

(1) *Jean et Lucie* sont venus
(2) *Jean, mon frère,* est revenu
(3) *Paul, Jean* sont venus nous voir

En (1) la conjonction *et* convertit les deux GN en un seul, constitué de deux autres ; en (2) l'apposition se trouve dans une position « en retrait » de la phrase, tandis qu'en (3) il y a une pause entre les GN, qui ainsi ne relèvent plus du même domaine. En revanche, la langue n'accepte pas des énoncés comme **Paul Luc sont venus.*

Autre manifestation du même principe : si deux verbes sont juxtaposés ils ne sauraient avoir le même rôle syntaxique. Dans

(1) Pierre *aura mangé*
(2) Pierre *veut manger* le melon

on a bien deux verbes juxtaposés mais un seul est conjugué, porte les marques de temps, mode, personne, nombre. En (1) *aura* est traité comme « auxiliaire », comme si à un certain niveau les deux verbes n'en faisaient qu'un ; en (2) on voit dans l'infinitif soit un verbe nominalisé (donc pas un véritable verbe), soit le verbe d'une phrase subordonnée dont le sujet serait phonétiquement nul (donc un véritable verbe mais placé dans une autre phrase que *veut*).

III - LES OUTILS DU LINGUISTE

A/ La grammaticalité

Nous avons à plusieurs reprises manipulé des phrases précédées d'un astérisque, c'est-à-dire des phrases que nous posions comme **agrammaticales**. Cela peut surprendre : les grammaires traditionnelles ne mentionnent en effet que les énoncés bien formés, ceux qui illustrent les règles qu'explicite le grammairien.

La linguistique est une discipline *empirique,* c'est-à-dire qu'en dernière instance la validité d'une théorie linguistique dépend de son aptitude à rendre compte des faits, à prédire quels énoncés sont possibles et sont impossibles dans une langue. Les linguistes fabriquent ainsi des énoncés agrammaticaux pour *explorer les données* et *tester des hypothèses,* deux gestes inséparables. Si par exemple je dis que le pronom personnel sujet se place avant le pronom personnel objet, c'est parce que j'ai recensé comme grammaticaux des énoncés du type de (1)-(2) et agrammaticaux des énoncés du type de (3)-(4) :

(1) Je te vois
(2) Nous le voyons
(3) *Le tu dis
(4) *Me vous parlez, etc.

ce qui m'a permis de délimiter les données sur lesquelles je vais travailler.

Mais en construisant des énoncés agrammaticaux je pourrai également vérifier si une hypothèse est exacte. Supposons que j'avance que les substantifs non-comptables ne prennent pas l'article indéfini, je prédis l'agrammaticalité de (5) et (6) :

(5) *J'ai acheté un beurre
(6) J'ai acheté un beurre délicieux

De fait, (5) semble mal formé, ou du moins maladroit. Mais non (6). Il va donc me falloir reformuler mon hypothèse en explorant systématiquement ces nouvelles données. Et ainsi de suite.

Mais avant de décider qu'un énoncé est agrammatical il faut s'assurer qu'on n'a pas subrepticement privilégié un emploi aux dépens d'autres. Ainsi

J'aime lui

sera agrammatical si *lui* reprend un nom antérieur (**Paul est gentil ; j'aime* *lui*) mais grammatical si le locuteur montre une personne sur une photo pour l'opposer à une autre.

Il faut aussi s'assurer que l'agrammaticalité ne résulte pas de la transgression d'une autre règle que celle que l'on veut prendre en considération. Si l'on étudie le comportement des verbes dans les constructions impersonnelles, face à l'énoncé agrammatical

*Il rôde l'homme dans la rue

on sera tenté de dire que les verbes intransitifs du type de *rôder* n'acceptent pas d'entrer dans ces structures. En fait, l'agrammaticalité ne vient pas du verbe mais de la transgression d'une autre règle, qui concerne le caractère défini des GN dans cette position ; il suffit de remplacer *l'homme* par *un homme* pour que l'énoncé devienne grammatical : *Il rôde un homme dans la rue*.

Mais la grammaticalité est bien souvent une question de degré et peut résulter de variations apparemment ténues : **de l'eau est purifiée* semble mauvais ; *de l'eau douce est purifiée* est déjà meilleur, tandis que *de l'eau douce a été purifiée à 100°* semble parfaitement bon. Le linguiste est obligé de rendre compte de ces gradations, d'expliquer pourquoi un énoncé est perçu comme meilleur qu'un autre. Pour noter les degrés de grammaticalité on place des signes devant les énoncés étudiés : l'absence de signe marque la grammaticalité ; un *?* marque que l'énoncé est douteux ; vient ensuite *? ?*, puis *?** ; l'astérisque * marque l'agrammaticalité franche.

La répartition de ces degrés est chose très délicate. Pour décider de la grammaticalité d'un énoncé on fait appel à l'**intuition** des locuteurs de la langue. Il y a là une difficulté considérable dans la mesure où non seulement la langue est hétérogène (tout le monde ne parle pas de la même manière) mais encore le jugement d'agrammaticalité est souvent une affaire de contexte : le même énoncé sera accepté ou rejeté selon le contexte dans lequel on imagine qu'il est prononcé. Bien des locuteurs déclarent agrammaticaux des énoncés qu'un enregistrement révèle qu'ils utilisent constamment... Les linguistes sont ainsi souvent obligés de compléter leur propre intuition par des enquêtes auprès d'« informateurs ».

B/ Correct, acceptable, interprétable

Mais la notion de « grammaticalité » dont on use en syntaxe n'est pas aussi évidente qu'il peut le sembler. En particulier, on ne la confondra pas avec

des notions voisines, comme celles de **correction**, d'*acceptabilité*,
d'*interprétabilité*, qui renvoient à des perspectives différentes :

◆ Correct / incorrect

Le jugement de **correction/incorrection** fait intervenir la **norme**. La langue
est une réalité sociale qui, comme telle, se trouve soumise à des normes.
Dans toute langue il existe des prescriptions, explicites ou non, qui condam-
nent certaines tournures. Il ne s'agit pas de fautes erratiques (télescopages,
bredouillages, interruptions...) mais de constructions fréquemment attestées
et syntaxiquement cohérentes. Par exemple :

> Le type que je te dis est sympa
> Je vais au coiffeur
> Pourquoi que tu viens ?

Pour un linguiste ces énoncés sont *grammaticaux,* bien qu'incorrects. En
effet, une langue n'est pas un système compact et homogène ; sur de nombreux points se développent des sous-systèmes qui offrent d'autres possibilités que le système qui s'impose dans les situations de communication
formelles. Les tours jugés incorrects sont bien souvent la norme ultérieure,
ils sont révélateurs des tendances qui gouvernent l'évolution de la langue.
Les linguistes s'efforcent donc d'analyser et d'expliquer la structure de ces
formes jugées incorrectes dès qu'elles sont installées dans l'usage. Cela ne
signifie pas pour autant qu'ils les déclarent « correctes ».

◆ Acceptable / inacceptable

Un énoncé peut fort bien être grammatical mais **inacceptable**. Ce cas est
illustré ici :

> (2) A qui dis-tu que Paul a voulu que le projet auquel Jean pense parfois la nuit qu'il est
> attaché soit vendu ?

Cette phrase a beau être grammaticale, sa structure la rend difficilement
compréhensible. Mais l'acceptabilité est une notion difficile à manier, car
elle dépend pour une bonne part du contexte d'énonciation et des aptitudes
des locuteurs : dans un ouvrage de métaphysique l'attention du destinataire
est beaucoup plus forte que dans une conversation au coin de la rue. Si bien

que dans le premier cas la syntaxe pourra être beaucoup plus complexe que dans le second.

♦ **Interprétable / ininterprétable**

Une phrase agrammaticale peut être **interprétable** et une phrase grammaticale peu ou pas :

(1) Moi aimer nouilles
(2) L'ombre boit le chauffe-eau

Alors que (1) est agrammatical on lui affecte sans difficulté une interprétation. En revanche, (2) a beau être grammatical son sens, hors contexte, reste énigmatique. Mais il est difficile de décider qu'une phrase est irrévocablement ininterprétable : avec un contexte approprié on peut rendre interprétables bien des énoncés qui a priori semblent dénués de sens.

C/ Syntaxe et usage oral

L'analyse syntaxique rencontre un autre type de difficulté, liée à la variété des usages de la langue. Quand on s'intéresse au français oral, qu'on étudie par exemple des enregistrements de conversations spontanées, on est frappé par l'inadéquation des catégories syntaxiques usuelles, qui ont été élaborées en prenant pour référence l'usage écrit. Signalons deux problèmes majeurs.

La *délimitation de phrases* à l'oral est souvent impossible. La distinction entre phrases « simples » et phrases « complexes » se brouille. En recourant à l'intonation et à divers procédés (répétitions, éléments de liaison en particulier) un locuteur peut constituer des unités qui n'ont pas la structure de la phrase classique : leur organisation repose moins sur un système de dépendances organisées à partir du verbe que sur le sens et la prosodie, associés à toute une gestuelle.

L'*identification des catégories* ne pose pas moins de problèmes. Dans quelle catégorie par exemple faire entrer *que* ou *comme quoi* dans les énoncés qui suivent ?

Qu'est-ce qui se passe *que* t'as l'air malade ?
Il a parlé *comme quoi* tu voulais pas venir

De même, dans cet énoncé :

Lui, les examens, c'est difficile

le *lui*, constitue un point d'accrochage de l'énoncé ; ce qui diffère des dislocations classiques, où il y a reprise de l'élément en position disloquée par un pronom (*Lui, il trouve que...*).

Cela ne signifie pas que la syntaxe n'existe pas, mais seulement que dans les échanges ordinaires on a affaire à un fonctionnement spécifique, à un autre domaine d'analyse que C.Blanche-Benveniste par exemple préfère appeler une *macro-syntaxe*. Dans ce manuel d'initiation nous ne pouvons que nous en tenir à la syntaxe classique. Mais il faut être bien conscient qu'elle ne permet pas de rendre compte des productions verbales dans toute leur diversité.

D/ Les manipulations syntaxiques

Quand on étudie la syntaxe on ne peut pas se contenter d'observer les énoncés ; pour faire apparaître leurs propriétés syntaxiques il faut les **manipuler**, construire des séquences qui se révèleront grammaticales ou agrammaticales. Les manipulations auxquelles on recourt se laissent ranger sous quelques rubriques : la **substitution**, l'**effacement**, le **déplacement**, l'**insertion**.

◆ La substitution

Elle consiste à remplacer une unité par une autre. Par exemple si dans la phrase *J'ai tué Jules par lâcheté* je substitue *un ami* à *lâcheté* j'obtiens une phrase agrammaticale : **J'ai tué Jules par un ami*. On est alors incité à faire l'hypothèse que dans cette construction *par* ne peut régir un nom qui réfère à un animé humain. Cette hypothèse se révèle fausse, car si je substitue à *tuer* le verbe *connaître* la phrase redevient bonne : *J'ai connu Jules par un ami*. Ces deux manipulations élémentaires font donc apparaître des problèmes qui n'étaient pas soupçonnables de prime abord : le comportement de *tuer* et *connaître* s'explique-t-il par le fait qu'ils appartiennent à des classes distinctes de verbes ? *Connaître* est-il un cas isolé ? ou est-ce *tuer* ?...

◆ L'effacement

Il consiste à éliminer une ou plusieurs unités, ce qui revient à substituer une séquence vide à une séquence « pleine ». Soit par exemple ces deux phrases, de constructions apparemment identiques :

(1) Paul habite un pavillon
(2) Paul fume des blondes

Si j'efface les GN objets directs (1) devient agrammatical (*Paul habite*) tandis que (2) reste grammatical (*Paul fume*).

◆ Le déplacement

Il transporte un élément d'une place à une autre de la phrase. On sait que c'est là un des critères traditionnels de distinction entre compléments du verbe et compléments circonstanciels (*A midi je dors/Je dors à midi* opposé à *A Lyon je me rends/Je me rends à Lyon*). Mais la même opération révèle des difficultés pour certains types de compléments : *par la route* est difficilement déplaçable en tête dans *Martine a voyagé par la route*.

◆ L'insertion

Elle introduit un élément nouveau dans une phrase. On ne peut pas dire par exemple *Paul chasse en bois* alors qu'on accepte *Paul chasse en plaine*. Mais il suffit d'insérer l'adjectif *plein* entre la préposition et le nom pour que la phrase devienne grammaticale : *Paul chasse en plein bois*.

On ne manipule pas à l'aveuglette, mais en fonction d'un certain savoir grammatical et d'hypothèses. Le plus difficile est de procéder aux manipulations intéressantes, celles qui permettent de mettre le doigt sur des phénomènes inattendus donnant accès à des fonctionnements linguistiques d'une portée plus large. Il faut donc faire preuve d'un certain « sens linguistique ».

– 2 –

La phrase

I - GROUPE SUJET ET GROUPE VERBAL

A/ Énoncé et phrase

Jusqu'ici nous avons parlé tantôt d'*énoncé* et tantôt de *phrase* pour décrire nos exemples, qui correspondent à l'évidence à ce que l'on a coutume d'appeler des « phrases ». En fait, les deux notions ne sont pas équivalentes : la phrase n'est qu'un des types d'*énoncés*. Considérons cette série d'exemples :

> (1) Hélas !
> (2) Idiot !
> (3) Paul !
> (4) Non au référendum !
> (5) Paul est gentil
> (6) Quel homme !

Il s'agit d'autant d'***énoncés***, de séquences qui sont grammaticalement bien formées, syntaxiquement autonomes et douées de sens. Mais seul (5) constitue une ***phrase***, une structure où s'associent un groupe verbal et un groupe nominal sujet et qui peut être affirmée ou niée. Si la phrase n'est pas le seul type d'énoncé, elle est sans conteste le plus important pour la syntaxe. C'est par rapport à elle, explicitement ou non, qu'on analyse les autres.

Pour décider que (5) était une « phrase » nous ne nous sommes pas référé à quelque évidence, mais appuyé sur un savoir grammatical fort ancien. En matière de langage il s'en faut en effet de beaucoup que les séquences verbales s'analysent à ciel ouvert. Le découpage des unités est toujours lié à des hypothèses linguistiques, qui peuvent fort bien être implicites. Pour s'en convaincre il suffit de prendre en compte des exemples comme ceux-ci :

(7) Mange tes salsifis !
(8) Nettoyer la machine après usage

S'agit-il de phrases ? Traditionnellement, la plupart des grammairiens les considèrent comme des phrases, même en l'absence de sujets. Ils parlent alors volontiers de sujet « sous-entendu ». Mais en agissant ainsi ils présupposent une conception de la phrase qui dépasse les combinaisons visibles de mots, restituant un sujet là où en surface on n'en voit pas. C'est encore plus net pour des structures comme

(9) Jean est plus malin *que Jacques*

où *que Jacques* est souvent traité comme une phrase « subordonnée comparative », en l'absence pourtant de tout groupe verbal visible. Ici encore on postule l'existence d'une structure de phrase qui excède les données immédiates.

Il existe par ailleurs des énoncés sans verbe ni sujet dont on peut aisément dégager une relation équivalente à celle entre groupe nominal sujet et groupe verbal, mais dont on peut douter qu'ils soient véritablement des *phrases* :

(10) Tous à Paris !
(11) Sympa, ce type !
(12) Plutôt sinistre comme perspective
(13) Sur ces entrefaites, arrivée des gendarmes et folle poursuite dans les rues

A des titres divers, ils présentent, comme le feraient des phrases, une ***structure prédicative***, ils disent quelque chose de quelque chose : ce type est sympa, les gendarmes arrivent, etc. Mais il s'agit de structures dont la spécificité repose précisément sur l'absence de verbe. On ne peut les considérer comme des phrases que si l'on se donne une définition syntaxiquement très vague de ce qu'est qu'une phrase. Aussi réserverons-nous la notion de phrase *aux énoncés qui s'organisent autour d'un GN et d'un GV* et peuvent être niés avec *« ne....pas »*.

B/ Le sujet

Dire que la phrase associe un GN sujet et un GV, c'est souligner le statut remarquable du sujet : si toute phrase possède un sujet, toute phrase ne possède pas un complément d'objet, ou un complément circonstanciel. La fonction sujet, à la différence des autres fonctions de GN, est donc *obligatoire*. L'existence d'un *il* impersonnel (cf. *Il est possible que tu aies raison*) montre que cette fonction doit être assurée, fût-ce par un élément sémantiquement vide. Cette prééminence du sujet se traduit par le phénomène de *l'accord*, par lequel le verbe porte les marques de personne et de nombre. Le sujet est également la position de GN *la plus élevée* dans la hiérarchie. Alors qu'un complément d'objet dépend d'un verbe, le sujet *ne dépend d'aucune tête lexicale* :

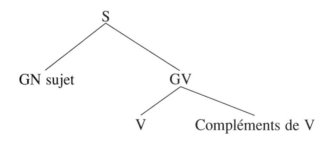

Mais cette définition *syntaxique* du sujet ne coïncide pas nécessairement avec une définition *sémantique*. C'est ce que cherchait à capter la grammaire traditionnelle en distinguant sujet « réel » et sujet « apparent ». Par exemple, dans

Il fume trop de gens ici

le *il* est bien sujet syntaxique, par sa position et son rôle dans l'accord avec le verbe, mais c'est *trop de gens* qui a les propriétés sémantiques de sujet de *fume*.

Chaque verbe appelle pour sujet un groupe nominal doté de certaines caractéristiques, jouant un certain rôle dans le procès. C'est ainsi que *donner* suppose un sujet qui soit un « agent », que le sujet de *recevoir* est un « destinataire », etc. Plus exactement, c'est le GV dans son ensemble et non le seul verbe qu'il faut prendre en compte pour déterminer quel type de sujet est sélectionné : *prendre un livre* et *prendre du temps* n'appellent pas les mêmes sujets :

Léon (*le voyage) prend un livre
Le voyage prend du temps

Mais il n'existe pas de consensus quant à la liste précise de ces « rôles » (agent, destinataire, thème, instrument, locatif, etc.). Le sujet est en général plutôt un agent qu'un instrument ou un destinataire, mais de toute façon il existe une indépendance relative entre la position sujet et le rôle des éléments qui l'occupent.

La langue accorde toutefois un rôle privilégié à deux rôles étroitement liés à la position de sujet : celui d'**agent** (*Paul donne un livre*), qui déclenche et peut interrompre un processus, et celui de **support** d'une propriété ou d'un état (*Paul est content*). Il n'est d'ailleurs pas nécessaire que l'on ait un verbe attributif pour que le sujet soit interprété comme support de propriété : ainsi dans *Juliette ment,* au sens de « Juliette est menteuse ».

II - PHRASE ET GROUPE VERBAL

A/ Deux analyses concurrentes

En français la définition de la *phrase* repose crucialement sur l'association d'un *groupe nominal sujet* et d'un *groupe verbal*. L'opposition entre nom et verbe est d'ailleurs première dans l'histoire de la grammaire occidentale. Mais la manière dont on peut concevoir la relation entre ces trois catégories, GN, GV et phrase, est source de difficultés. On rencontre sur ce point deux tendances majeures, avec diverses solutions de compromis entre elles :

— On peut voir dans la phrase, comme nous l'avons fait jusqu'ici, la combinaison de deux catégories complémentaires, GN et GV, posées en quelque sorte sur un pied d'égalité. C'est l'analyse habituelle, qui s'appuie sur une tradition logique où l'on oppose dans une proposition le « sujet » et le « prédicat », « ce dont on parle » et « ce qu'on en dit ». Elle s'appuie également sur une sorte d'évidence syntaxique : en français le groupe verbal est toujours précédé d'un sujet exprimé avec lequel il s'accorde. Si on adopte cette représentation, des phrases comme *Je dors*, *Il dort* et *Mon frère dort* seront décomposées de la même manière :

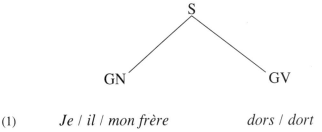

(1)   *Je / il / mon frère*   *dors / dort*

— Mais on peut aussi organiser la phrase **autour du GV**, dont le GN sujet serait un des constituants. Dans cette perspective le sujet aurait un rôle privilégié, certes, mais serait placé sous la dépendance du groupe verbal, par exemple en position de spécifieur.

La *phrase* coïnciderait alors avec le réseau de dépendances du verbe. Il est vrai qu'à la différence du GN, qui peut occuper diverses fonctions dans une phrase, le GV n'a pas à proprement parler de fonction, il constitue le pivot de la phrase, à partir duquel se distribuent les fonctions majeures : le GN est sujet du GV, les compléments d'objet sont compléments du verbe.

Le choix entre ces deux types d'analyse engage évidemment des considérations de linguistique générale, dans lesquelles nous ne pouvons entrer ici. Pour le français s'y rattache une autre discussion, qui concerne le statut des pronoms personnels sujets. Une des particularités du français moderne, si on le compare aux autres langues romanes, est **la pauvreté de sa flexion verbale**. La flexion permet rarement de distinguer les personnes, si l'on excepte *nous-vous,* qui appellent toujours les désinences *-ons/-ez.* A l'oral *chante* ou *arrive*, par exemple, peuvent être une 1re, une 2e, une 3e personne du singulier ou du pluriel du présent de l'indicatif ou du subjonctif. C'est au pronom personnel sujet (*je-tu-il-ils-elles-on*) qu'il revient le plus souvent de marquer la personne.

Faut-il considérer, comme dans le schéma (1), que *je-tu-il-nous-vous-ils-on* sont des GN sujets de plein droit comme *le chat* ou *Pierre* ? Faut-il au contraire considérer que, dans la mesure où ils sont inséparables du verbe et ne portent pas d'accent, ce sont seulement des morphèmes flexionnels de personne, qui, au lieu d'être placés à la fin, seraient placés au début du verbe ? A l'appui de cette dernière hypothèse on peut faire remarquer que le *il* n'est pas nécessairement substitut d'un nom : ainsi dans les verbes ou les constructions impersonnelles (*il arrive que..., il est vrai que...*) le *il* semble davantage une marque de personne qu'un véritable GN. On notera également que dans l'usage parlé le GN plein et le pronom clitique, loin d'être substituts, se combinent constamment. On entend en effet *Paul i'vient / Paul il est là,* constructions qui diffèrent de constructions dites « disloquées » comme *Paul, il vient,* où il y a pause entre *Paul* et le reste de la phrase. Ici le pronom est manifestement traité comme une marque de personne du verbe et non comme un GN sujet indépendant.

La *prééminence du groupe verbal* s'appuie de toute façon sur deux données constitutives de la phrase : le rôle central que joue le verbe comme *distributeur des fonctions* et comme *porteur des marques de l'acte d'énonciation.*

On l'a vu, c'est en effet le verbe qui distribue les fonctions majeures, celles qui donnent son armature à la phrase. Mais une phrase n'est pas seulement un réseau de relations entre des groupes syntaxiques, elle est aussi *prise en charge* par un énonciateur (qui dit le vrai, le faux, qui interroge, etc.) et repérée à partir de son acte d'énonciation : les marques de temps, de personne, de mode, qui sont la trace de cette énonciation, sont portées par l'**inflexion** du verbe, par les variations de ses marques de « conjugaison ». Mais alors que ces marques *concernent la phrase dans son ensemble* (c'est la phrase qui est au présent ou à l'indicatif, et pas seulement le verbe) c'est au verbe qu'elles sont attachées. De ce point de vue la phrase apparaît certes comme l'association d'un GN sujet et d'un GV mais d'abord comme *le domaine de l'inflexion.*

B/ L'inflexion

De fait, cette inflexion joue un rôle essentiel pour cimenter la phrase. Non seulement parce qu'elle inclut les marques temporelles et modales mais encore parce que par le phénomène d'*accord* elle confère les mêmes traits de personne et de nombre au sujet et au verbe. Plus précisément :

— Le verbe ne porte une marque de personne que par **accord** avec le GN sujet. Cette marque résulte d'un repérage de l'énoncé par rapport à l'acte d'énonciation. Si le sujet de l'énoncé coïncide avec l'énonciateur on parle de **1ʳᵉ personne** ; si le sujet coïncide avec le destinataire (ou **coénonciateur**) on parle de **2ᵉ personne** ; si enfin le sujet n'est ni l'énonciateur ni le coénonciateur on a la **3ᵉ personne** ou **non-personne**. Alors que les autres marques sont placées à la fin du verbe, la marque de personne (sauf avec les désinences *-ez* et *-ons*) est, on l'a vu, le plus souvent assurée par des éléments placés devant (*je, tu, il...*).

— Le **nombre** est aussi le produit d'une relation d'accord avec le sujet. L'opposition *singulier vs pluriel* n'a pleinement sens qu'à la 3ᵉ personne, qui oppose l'unité à la pluralité. Pour *nous* ou *vous* il s'agit plutôt de *je* et *tu* « amplifiés ».

— Le **temps** est lié, comme la personne, à un repérage par rapport à l'acte d'énonciation puisque le présent se définit comme la coïncidence entre le moment de l'énonciation et le moment de l'énoncé. C'est à partir de ce présent que se définissent le passé et le futur. Mais ce n'est pas cette définition du temps qui intéresse la morphologie de l'inflexion. On ne confondra pas ce temps *référentiel*, celui qui renvoie au passé, au présent et à l'avenir, avec les divers paradigmes flexionnels du verbe, c'est-à-dire avec les diverses « conjugaisons » (imparfait, futur simple, etc.), dénommés parfois **tiroirs** pour les distinguer du temps référentiel. En effet, ces « tiroirs » ne se réduisent pas à l'expression du temps référentiel. Ainsi, *Il sera en retard* peut évoquer une probabilité (« en ce moment il est probable que... ») comme un futur ; de même, *Il partait* peut se rapporter à un procès passé (*Il partait quand on l'a vu*), à une hypothèse (*Deux mots de plus et il partait*), etc.

— Les tiroirs se répartissent eux-mêmes dans plusieurs **modes** qui correspondent à diverses attitudes de l'énonciateur à l'égard de son énoncé. Ils sont un des points d'inscription privilégiés de la modalisation linguistique (cf. *infra* p. 45). Ces modes ont chacun une morphologie spécifique, des marques qui leur sont propres. La plupart des linguistes s'accordent aujourd'hui pour faire du conditionnel un des tiroirs de l'indicatif.

— L'**aspect** concerne la manière dont se développe le procès dans le temps. A côté des phénomènes aspectuels propres à chaque verbe, qu'on appelle **modes de procès** (par exemple le fait qu'*habiter* suppose un procès qui dure et *saisir* un procès ponctuel), il existe des catégories aspectuelles qui sont inscrites dans l'inflexion, dans la morphologie verbale. En français elles sont à la base de l'opposition entre forme simple et forme composée, que l'on interprète en termes d'**accompli** vs **inaccompli** : le procès est inaccompli dans *Il chante* et accompli dans *Il a chanté*.

C/ Problèmes d'analyse morphologique

L'inflexion pose de redoutables difficultés d'analyse car les marques morphologiques *amalgament les informations* et sont souvent équivoques. Par exemple, à l'oral la marque -*ais* de *j'arrivais* amalgame à la fois des informations de personne, de nombre, de temps et de mode, d'aspect !

L'analyse morphologique de l'inflexion suscite d'autres difficultés, illustrées en (1)-(2) :

(1) Paul *avait* fum-*é* des blondes
(2) Il *est* ven-*u*

En (1)-(2) il existe un verbe dit **auxiliaire** qui porte des marques de temps, personne, mode, aspect, tandis que le verbe « principal », celui qui sélectionne sujet et compléments, est affecté d'une désinence de participe passé. Dans une forme comme *avait fumé* le verbe proprement dit est *fum* - ; le reste, c'est-à-dire *avait...é*, relève de l'inflexion. Mais *a* et -*é* sont inséparables. Il en va de même pour les formes dites surcomposées : par exemple *a eu...-i* dans *Paul a eu vite fini*. Il y a ici conflit entre le fait que ces marques sont inséparables et le fait qu'elles sont dissociées dans la morphologie du verbe. On notera que les auxiliaires *avoir* et *être* n'ont pas les mêmes propriétés : *avoir* peut se combiner avec lui-même et avec *être* (*avoir eu, avoir été*) alors que l'inverse est impossible (**être été, *être eu*).

Mais il n'est pas toujours facile de décider si l'on a affaire ou non à des verbes « auxiliaires ». Considérons les énoncés suivants :

(3) Paul *doit ouvrir* un commerce bientôt
(4) Paul *va revenir* demain
(5) Paul *vient de partir* à Genève
(6) Paul *veut dormir*

(6) ne comporte pas de verbe auxiliaire mais s'analyse aisément comme la combinaison d'un verbe ordinaire et d'un complément d'objet direct à l'infinitif. En (4) on a au contraire affaire à une auxiliation, celle du futur « périphrastique ». Mais pour (3) ou (5) les choses sont moins tranchées : au vu de divers tests, il apparaît que la forme verbale conjuguée ne fonctionne pas comme la tête du groupe verbal, qui régit les compléments et sélectionne le sujet, mais on ne peut pas pour autant y voir des auxiliaires, au même titre qu'*avoir* ou *être*. C'est pourquoi les grammairiens parlent prudemment de « semi-auxiliaire ».

On signalera une dernière difficulté dans l'analyse morphologique de l'inflexion : le problème posé par la variété des **allomorphes** pour un même verbe. Un verbe comme *voir* se conjugue sur 4 radicaux différents (*v-*, *voy-*, *vi-*, *ver-*), de même qu'*aller* (*all-*, *v-*, *aill-*, *ir-*). Quant au verbe *être*, il n'en compte pas moins de 8. Ces irrégularités sont tolérées par la langue parce qu'il s'agit de verbes dont l'emploi est extrêmement fréquent.

D/ Les clitiques

Nous avons vu que les morphèmes de personne, les « pronoms personnels » sujets, étaient adjoints directement devant le verbe : dans *je mange* ou *il vient* les unités *je* et *il* n'ont pas d'accent propre, elles sont inséparables du verbe. Ou plutôt, elles en sont inséparables si d'autres unités ne s'interposent pas, telles *ne, le lui, en...* (*Il ne lui donne rien, je lui en ai parlé...*) qui elles aussi n'ont pas d'accent propre et sont adjointes au verbe.

Toutes ces particules préverbales sont des éléments dits **clitiques**. Par là on entend des termes

— qui n'ont pas d'accent tonique ;

— qui sont adjoints directement au verbe, le plus souvent devant lui (*Paul le lui donne*) ou derrière, à l'impératif (*Donne-le-lui*) ;

— qui ne peuvent être séparés de lui que par un autre clitique (*Je le lui donne parfois / * Je le parfois lui donne*).

Les clitiques peuvent être des pronoms sujets, (*je, il, tu, nous c', on...*) ou compléments (*le, lui, nous, en...*) mais aussi l'adverbe de négation *ne*. S'il y a un verbe auxiliaire, les clitiques se placent devant le verbe fléchi : *Je l'ai vu* et non **J'ai le vu*. Ces éléments se trouvent dans une position préverbale qui a la particularité de ne leur conférer aucune fonction : la position « normale » d'un objet direct par exemple est à droite du verbe. Pour qu'on puisse néanmoins déterminer leur fonction on dispose de deux moyens :

— la morphologie des pronoms, qui connaissent des variations en cas (*je* est sujet, *me* objet, *il* sujet, *lui* objet indirect...) ;

— l'ordre de succession des clitiques.

En effet, qu'ils soient antéposés ou postposés, l'ordonnancement des clitiques obéit à des règles précises mais complexes : le clitique sujet est toujours en tête, suivi facultativement de *ne* ; les pronoms adverbiaux *en* et *y* sont en dernier, juste avant le verbe. Pour les clitiques compléments directs ou indirects il existe deux ordres :

(I)	Comp. Indirect	Comp. Direct	
(ne)	me, te, se nous, vous	le, la, les	en, y
	lui, leur		en
(II)	Comp. Direct	Comp. Indirect	
(ne)	le, la, les	lui, leur	en
	le, la, les		y

(Pour les clitiques postposés voir *infra* p. 57).

III - LES FRONTIÈRES DE LA PHRASE

A/ Le complémenteur

Soit l'énoncé *Je sais que Jean a revu Sophie*. On dira sans hésiter que la subordonnée *que Jean a revu Sophie* est une **phrase**. Mais où passe exactement la frontière de cette « phrase » ? Faut-il ou non y inclure l'élément *que* ? Puisque ce *que* n'a pas de fonction ou de sens, qu'il semble simplement marquer une dépendance on est tenté de ne pas le prendre en compte. Mais que va-t-on faire pour le relatif *que* dans *L'homme que j'ai vu est parti* ou pour *quand* dans *Il a demandé quand je partais* ? On ne peut pas s'en débarrasser si facilement : *que* est en effet objet direct du verbe *ai vu* et *quand* complément circonstanciel de la phrase qu'il introduit.

En fait, la position qu'occupe ce relatif *que* en tête de phrase peut être également occupée par des éléments de catégories et de fonctions très diverses, qui ne sont pas nécessairement des subordonnants :

(1) *Que* vois-tu ?
(2) *A qui* parles-tu ?
(3) L'homme *à qui* je parle est malade
(4) Je viens *lorsque* je peux
(5) *Que* c'est beau !
(6) *Combien de livres* j'ai pris ?
(7) Je veux savoir *si* Paul vient

On le voit, cette position en tête de phrase constitue une sorte de position d'accueil qui, à la différence des positions situées *dans* la phrase proprement dite, n'attribue aucune fonction aux éléments qui viennent l'occuper. Loin d'être réservée aux subordonnées, cette position, comme le montrent (1), (2), (5) ou (6) concerne toute phrase. Elle peut être occupée par des subordonnants « incolores » comme le *que* des complétives, ou par des éléments doués de sens comme les locutions conjonctives (*avant que, pour que...*), les pronoms relatifs (à la fois pronoms et surbordonnants), les pronoms ou adverbes interrogatifs... Il ne s'agit pas d'une catégorie mais d'une *position* dite **complémenteur** (souvent notée **COMP** par commodité), qui peut être occupée par des éléments de catégories et de fonctions variées.

La notion de « phrase » que nous utilisons apparaît maintenant trop imprécise. Elle peut désigner le domaine de la phrase considéré *sans* la position de complémenteur ou bien *avec* elle. Le premier domaine définit l'espace où se distribuent les fonctions des catégories majeures organisées autour du verbe, le second, plus large, est précédé d'une position qui n'attribue pas de fonction.

En posant l'existence d'une telle position COMP on fait l'hypothèse que la structure de toute phrase est censée comporter cette position, même si aucune unité lexicale perceptible ne l'occupe. Ainsi dans des phrases comme *Paul est reparti* ou *Paul voit quoi ?* il y a une case COMP disponible mais qui n'est pas exploitée. Elle le serait si on avait par exemple *Je vois que Paul est reparti* ou *Que voit Paul ?* (cf.*infra* 3.III.B).

B/ Phrase étroite et phrase large

Ce problème des limites de la phrase se trouve à nouveau posé quand on doit traiter d'un phénomène comme la **dislocation**, si fréquente à l'oral :

(1) *Paul*, il est malade
(2) Elle est malade, *Paulette*

Pour (1) on parle de **dislocation gauche**, pour (2) de **dislocation droite**, deux constructions qui d'ailleurs n'ont pas exactement les mêmes propriétés syntaxiques (cf. *infra* p. 134). Les éléments disloqués sont en relation avec la phrase étroite, grâce à un élément de type pronominal : *il* dans (1) et *elle* pour (2). La dislocation peut se combiner avec la présence d'un élément dans la position COMP :

(3) Je sais que Paulette, elle est partie hier
(4) Quand tu *la* vois, cette maison ?

Il en va des dislocations comme de COMP : il s'agit de positions disponibles, qui ne sont occupées que facultativement.

L'existence d'un phénomène comme la dislocation oblige à distinguer deux domaines de phrase : d'une part ce qu'on pourrait appeler la phrase **étroite**, où sont assignées des fonctions aux catégories majeures, d'autre part ce que nous proposons d'appeler phrase **large**, qui englobe le COMP et les positions de dislocation droite et gauche.

IV - POSITIONS « FLOTTANTES »

Nous venons d'évoquer des positions, disloquée et COMP, dont la prise en compte enrichit notre analyse de la phrase. Il existe d'autres faits de langue qui vont dans le même sens. C'est en particulier le cas des constituants placés en quelque sorte *en retrait* de la phrase, et de ceux qui tout en faisant pleinement partie de la phrase *n'ont pas de place fixe*. C'est cet ensemble de phénomènes que nous regroupons sous la notion métaphorique de « positions flottantes ». La phrase n'apparaît donc pas comme une structure compacte et homogène, mais comme *un compromis instable entre un réseau relativement strict de positions et un ensemble de « positions » périphériques.*

A/ Constituants en retrait

Un certain nombre de constituants peuvent être placés en retrait :

◆ Des appositions

Il peut s'agir d'*appositions* à des GN :

— Des GN apposés (*Jules, l'ami de Sophie, est revenu*), mais aussi des GA (*Jules, rouge de confusion, s'est enfui*) ou des relatives (*Mes amis, qui n'aiment pas voyager, ont préféré rester*). Ces divers éléments n'ont pas la même mobilité : l'apposition nominale ou la relative appositive, par exemple, sont placés près de leur antécédent (**Simon est revenu, son frère / *Paul est allé à Paris, qui voulait voyager*) alors que l'apposition adjectivale peut être **détachée** (*Lucien m'a attrapé par le bras, furieux*).

— Des GN apposés à structure prédicative : *Paulette est partie, la veste déchirée, le bras en bandoulière.* Ils peuvent être détachés de leur antécédent et supposent un rapport de partie à tout avec lui (la veste ou le bras sont des parties de Paulette) : **Paulette est partie, la route barrée.*

— Un certain nombre de GN, dits **noms de qualité** (*idiot, génie, voleur...*) qui ont la propriété de pouvoir figurer en position détachée, séparés de leur antécédent, sauf devant lui :

Paul, *l'idiot,* a tout gâché
Paul a tout gâché, *l'idiot*
**L'idiot,* Paul a tout gâché

— Des GN apposés à une phrase : *Il est revenu, chose incroyable.*

◆ Des apostrophes

À la différence des autres GN « en retrait », l'apostrophe à elle seule peut former un énoncé autonome : *Paul !*

◆ Des commentaires sur l'énonciation

— Avec des **adverbes** ou des **groupes prépositionnels** : *Eric a eu tort, franchement, de venir / De manière définitive, il a eu tort de venir.*

— Avec des **phrases en incise**, qui ne sont ni coordonnées ni subordonnées, qui n'entretiennent pas de lien grammatical avec la phrase dont elles rompent la continuité : *si je peux dire, passez-moi l'expression, puisqu'il faut l'appeler par son nom...* Parmi elles un certain nombre servent à commenter les pensées ou les paroles rapportées : *dit-il, pensa-t-il, déclara Paul...* Elles s'accompagnent d'une inversion du sujet, sauf dans la tournure familière en *que* (*qu'elle m'a dit, que j'ai pensé...*).

La plupart des éléments en retrait peuvent s'insérer en divers points de la phrase. Mais cette liberté est contrainte : en général ils ne peuvent pas faire éclater les catégories majeures :

> Un chien de Luc, *Médor,* l'a mordu
> *Un chien, *Médor*, de Luc l'a mordu
> *En quelque sorte,* l'amie de Paul est une idiote
> *L'amie, en quelque sorte, de Paul est une idiote

Mais la liberté est plus grande pour les phrases en incise et à l'intérieur du GV, entre le verbe et ses compléments :

> Paul a roulé, *passez-moi l'expression*, sa sœur

Ces divers types d'éléments « en retrait » posent un problème : comment les intégrer, comment définir leur relation au réseau de dépendances de la phrase alors qu'ils se présentent comme un ajout contingent, « extérieur » ? On ne peut en effet considérer qu'ils sont à l'extérieur de la phrase puisqu'ils

sont soumis à de multiples contraintes syntaxiques. Mais on ne peut pas n<
plus les mettre sur le même plan que les constituants intégrés.

B/ Les circonstanciels

A côté des constituants syntaxiquement en retrait de la phrase il en est
d'autres qui sont intégrés syntaxiquement à l'énoncé mais sans y occuper
de position fixe. C'est en particulier le cas des éléments **circonstanciels**
(adverbes, GP, GN) qui n'ont pas de position assignée dans la structure de
la phrase. Ils peuvent s'introduire en début, en fin de phrase ou entre les
catégories majeures :

Paul *par plaisir* a raccompagné le père de Marie *hier*
Paul *hier* a raccompagné *par plaisir* le père de Marie

A la différence de fonctions comme sujet ou objet, les circonstanciels peuvent figurer en nombre illimité dans la phrase : *Demain, à l'aube Paul don-
nera dans le salon ses ordres malgré l'interdiction....*En outre, ils dépendent
de l'ensemble formé par le GN sujet et le GV ; c'est pourquoi on dit souvent
qu'il s'agit de « compléments de phrase ». Cette notion n'est cependant pas
très claire, car si un complément normal dépend d'une tête (nom, préposition, adjectif, verbe), qu'il complète, ce n'est pas le cas d'un circonstanciel.

– 3 –

Les modalités de la phrase

Pour le moment nous avons envisagé la phrase comme un réseau de dépendances entre catégories. Mais la phrase, en tant précisément qu'elle est un *énoncé,* doit aussi être rapportée à l'activité d'un énonciateur qui **prend en charge** son énoncé. On entre ici dans le domaine instable de la **modalité linguistique**, produit de l'activité de **modalisation**.

A travers cette modalisation l'énonciateur tout à la fois marque une attitude à l'égard de ce qu'il dit et établit une certaine relation avec son interlocuteur. Il situe son énoncé par rapport au vrai et au faux, au possible et à l'impossible, au nécessaire et au contingent, au permis et au défendu ; il manifeste en termes de vouloir, de souhait...sa distance à l'égard de la réalisation d'un procès ; il porte des jugements de valeur, des appréciations sur ce procès. On le voit, c'est un domaine très difficile à circonscrire et qui investit de multiples plans et catégories de la langue : le mode verbal (*Qu'il vienne !*), l'emploi des tiroirs temporels (le passé simple par exemple suppose une rupture entre l'énoncé et la situation d'énonciation), des structures impersonnelles (*il est vrai que...*), des adverbes (*peut-être, heureusement*)...

On accorde toutefois un rôle privilégié aux quelques grandes **modalités de phrase** (on dit aussi **modalités d'énonciation**). Toute phrase se présente en effet comme *assertive, interrogative, impérative, exclamative,* modalités qui correspondent à des modes d'organisation syntaxiques spécifiques.

Mais on ne confondra pas la modalité attachée à telle ou telle *structure* syntaxique d'énoncé et son *interprétation* dans un contexte particulier. C'est en fonction du contexte et de l'intonation que le coénonciateur peut reconstruire un sens. Ainsi l'interrogative *Voulez-vous vous taire ?* sera plus souvent interprétée comme un ordre que comme une question, l'assertive *Je voudrais une baguette de pain* sera comprise comme une requête.

I - L'ASSERTION

A/ Infinitif, subjonctif, indicatif

L'assertion pose un état de choses comme vrai ou faux. D'un point de vue syntaxique, il s'agit d'énoncés qui comportent **un sujet exprimé** et dont le verbe porte **des marques de personne et de temps** :

> Paul a été malade
> L'homme est un loup pour l'homme

L'infinitif, qui ne marque ni le temps ni la personne, le subjonctif, qui ne marque pas le temps, ne permettent donc pas d'asserter : *Qu'il parte !* ou *Ralentir !* ne sont pas des assertions mais, selon les contextes, des ordres, des souhaits, etc. Certes, on parle de subjonctif « présent », d'ailleurs seul encore vivant aujourd'hui, mais ici « présent » désigne un paradigme de conjugaison, il n'articule pas le temps de l'énoncé sur le temps de l'énonciation : si à l'indicatif le présent *Paul dort* est un vrai présent qui s'oppose par exemple à *Paul dormira*, le « subjonctif présent », lui, ne peut être employé seul (**Paul dorme*) et doit s'appuyer sur une forme qui a un ancrage dans le temps : *J'ai voulu qu'il dorme / Je veux qu'il dorme*.

Les phrases à l'infinitif, au subjonctif ou au participe n'ont ainsi que deux emplois possibles :

◆ Comme subordonnées

Dans ce cas la modalité de phrase ne porte pas sur elles mais sur la principale :

> (1) Mes amis désirent *acheter un livre*
> (2) *Mon fils détestant la ville,* nous habitons à la campagne
> (3) Voulez-vous *qu'il sorte* ?

Ici l'infinitif, le participe ou le subjonctif sont dans des subordonnées incluses dans des énoncés dont le verbe porte des marques de temps et de personne.

◆ Comme indépendantes

Elles sont alors non-assertives : *Qu'il sorte ! Ne pas fumer !...*

Les phrases au participe ne sont jamais susceptibles d'un usage indépendant. Celles au subjonctif, à la différence de celles à l'infinitif, possèdent néanmoins une marque de personne et un sujet exprimé. Quant aux phrases à l'infinitif, même si ce sont des énoncés indépendants (cf. *Ralentir !...*), elles ont un sujet phonétiquement nul. En d'autres termes, l'absence de marques de personne va de pair avec l'absence de sujet exprimé (non-nul phonétiquement). Ce qui peut se résumer dans le tableau suivant :

Phrases indépendantes

	Personne	Temps	Sujet non-nul	Assertif
Infinitif	-	-	-	-
Subjonctif	+	-	+	-
Indicatif	+	+	+	+

Pour les énoncés indépendants à l'infinitif ou au subjonctif le caractère non-assertif ne préjuge pas de leur interprétation dans un contexte particulier. Un énoncé au subjonctif peut prendre une valeur hypothétique (*Qu'il vienne, je le verrai*), une valeur de souhait (*Qu'enfin je me débarrasse de lui !*), ou d'ordre (*Qu'on m'amène le prisonnier !*). Seul est donc invariant le caractère non-assertif. Il en va de même pour les énoncés indépendants à l'infinitif, qui peuvent marquer l'ordre aussi bien que le regret, le souhait...C'est au coénonciateur qu'il revient à chaque fois de construire l'interprétation non-assertive qui lui semble pertinente.

Il est remarquable que des phénomènes en apparence purement syntaxiques comme la présence ou non d'un sujet exprimé, ou la possibilité de figurer en phrase indépendante soient liés à l'assertion, à la manière dont le sujet parlant prend en charge son énoncé. On saisit ici à quel point la syntaxe et l'énonciation sont étroitement liés.

B/ Temps et autonomie syntaxique

On vient de voir que l'absence de marques de temps et de personne enlève de son autonomie *énonciative* à la phrase : un infinitif ne peut pas porter une assertion, sauf s'il est intégré à une phrase dont le verbe porte ces marques. Cette moindre autonomie se manifeste aussi sur le plan *syntaxique* : une phrase à l'infinitif est beaucoup moins « étanche » qu'une phrase à verbe à temps fini. Comparons :

(1) Je vois qu'il vient
(2) Je le vois venir

Dans ces deux phrases le verbe de la subordonnée a pour sujet un pronom clitique de 3ᵉ personne ; mais alors que celui de (1) ne peut être déplacé dans la principale (*Je le vois que vient*), celui de (2) se trouve placé devant le verbe *vois*. La phrase à l'infinitif n'est donc pas étanche, ses éléments peuvent entrer en relation avec ceux de la principale. C'est encore plus net dans un énoncé comme (3) :

(3) Pierre la vit tuer (*la* = objet direct de *tuer*)

Ici l'objet direct du verbe de la subordonnée se trouve devant celui de la principale.

II - STRUCTURES INTERROGATIVES

Interroger quelqu'un, c'est le placer dans l'alternative de répondre ou de ne pas répondre. C'est aussi lui imposer le cadre dans lequel il doit inscrire sa réplique : ainsi, à la question *Qui est venu ?* est-on censé répondre par exemple *Paul* mais pas *Sur la route* ou *Avec joie*.

Mais beaucoup d'énoncés dont la structure est interrogative peuvent en contexte ne pas s'interpréter comme de vraies questions : questions rhétoriques auxquelles on doit répondre positivement(*J'ai pas raison ?*), requêtes déguisées (*Peux-tu me passer une cigarette ?*), rappels à l'ordre (*Sais-tu que tu commences à me casser les pieds ?*)...

L'interrogation est constamment associée à une mélodie montante qui à la fin reste suspendue. Mais elle peut investir diverses structures. On distingue l'interrogation **totale** qui contraint l'interlocuteur à répondre par oui ou par non sur l'ensemble de l'énoncé interrogatif (*T'as vu Paul ?*), et l'interrogation **partielle** qui ne porte que sur un constituant (*Pourquoi est-il là ? Tu as vu qui ?*). L'interrogation totale n'apporte pas d'information nouvelle, elle demande seulement de confirmer ou d'infirmer. En revanche, l'interrogation partielle appelle une information qu'elle ne contient pas.

A/ L'interrogation totale

Celle-ci peut s'exprimer à travers :

— Une organisation morphosyntaxique identique à celle de l'assertion mais portée par une mélodie montante : *Vous partez ?*

— Une inversion du clitique sujet de la principale :

(1) Veut-il que tu reviennes ?
(2) Jean part-il ?

Comme le montrent ces exemples, il existe en fait deux types d'inversion : l'inversion **simple** (cf.(1)) qui concerne les sujets clitiques et l'inversion **complexe** (cf.(2)). Dans l'inversion complexe le GN sujet demeure à sa place tandis qu'un clitique de 3e personne est adjoint à droite du verbe. L'usage ordinaire préfère le plus souvent éviter l'inversion complexe : *Pourquoi Jean vient te voir ?* plutôt que *Pourquoi Jean vient-il te voir ?* Ce dernier tour est jugé plus élégant, mais il n'est pas sûr qu'il soit exactement synonyme de celui sans inversion. *Tu pars ?* s'adresse plutôt à quelqu'un qui fait des gestes pour partir, alors que *Est-ce que tu pars ?* préjuge moins de la réponse.

L'interrogation la plus courante, celle qui fait appel à *est-ce que ... ?*, est une structure à inversion simple du clitique *ce*, symétrique de *c'est que Paul vient*. Cette construction présente l'avantage de faire porter l'inversion du clitique sur un élément périphérique de la phrase et de laisser intact le

noyau : en disant *Est-ce que Paul viendra ?* on ne touche pas à la séquence *Paul viendra.*
L'inversion de clitique n'est pas réservée à l'interrrogation. On la retrouve dans les incises (*dit-il*), les hypothétiques (*Pierre vient-il, et tout s'arrange*), après certains adverbes (*Ainsi le roi prend-il son temps*), dans les exclamations (*Est-il beau !*). Elle n'a donc pas en soi de valeur interrogative.

B/ L'interrogation partielle

La possibilité pour l'interrogation d'être totale ou partielle la rapproche de la négation, qui a la même propriété : négation totale (*Je ne suis pas venu*) et partielle (*Personne n'est venu*). L'interrogation *partielle* ne porte que sur un constituant de l'énoncé. Elle oblige l'interlocuteur à sélectionner un élément parmi un ensemble ouvert par la question : dire *Avec qui es-tu venu ?*, c'est demander à l'interlocuteur de choisir quelqu'un dans l'ensemble des animés humains qui sont venus. Ce faisant, l'énonciateur présuppose que quelqu'un est venu. Il arrive que le même énoncé véhicule plus d'une interrogation partielle :

> *Qui* a parlé *à qui* ?

L'interrogation partielle dispose de deux stratégies :

— *Maintenir dans sa position* l'élément sur lequel porte l'interrogation, mais avec une intonation interrogative :

> Tu vois *qui* ?

— Le *placer en tête de phrase*, dans la position COMP (cf. *supra* 2.III.A) :

> *Qui* vois-tu ?
> *Qui* tu vois ?
> *Quand* Pierre a-t-il pris le train ?
> *Quand* Pierre a pris le train ?

A l'oral beaucoup préfèrent recourir à des structures en *c'est que*, avec ou sans inversion du clitique. En règle générale les structures sans inversion du clitique sont jugées moins élégantes :

> (1) *Quand c'est que* tu viens ?
> (2) *Quand est-ce que* tu viens ?

L'interrogation partielle, en plaçant des mots interrogatifs dans le COMP, établit des relations entre des positions éloignées l'une de l'autre. On retrouve ici un phénomène déjà noté pour les relatives. Dans

> (3) *A qui* Paul a-t-il donné un livre ( ) ?
> (4) L'homme *à qui* j'ai donné un livre ( ) est là

l'élément interrogatif ou relatif se trouve éloigné de sa position « normale » d'objet indirect (marquée par des parenthèses), avec laquelle il faut pourtant le mettre en relation pour interpréter la phrase. Mais, à la différence du pronom relatif, le mot interrogatif a la possibilité de se trouver dans le COMP d'une phrase qui n'est pas celle qui lui donne sa fonction. Il se trouve en effet déplacé dans le COMP le plus élevé, celui de la principale :

> (5) *Tu penses *à qui* j'ai donné un coup ( ) ?
> (6) *A qui* penses-tu *que* j'ai donné un coup ( ) ?

En (6) *à qui* se trouve en tête de la principale alors qu'il est objet indirect dans la subordonnée. Ce type de relation à distance n'est possible que si la ou les position(s) COMP intermédiaires sont occupées par une unité dépourvue de sens : dans (6) *que* est un subordonnant sémantiquement vide. Il suffit que le COMP intermédiaire soit occupé par une unité « pleine » pour que la phrase devienne agrammaticale :

> (7) Tu connais l'homme qui peint *qui* ?
> (8) *Qui* connais-tu l'homme qui peint ( ) ?

En (8) le déplacement en tête de l'interrogatif *qui* est bloqué par la présence d'un pronom relatif *qui* dans le COMP intermédiaire.

C/ L'interrogation indirecte

On appelle *interrogations indirectes* des subordonnées compléments de certains verbes (*demander, savoir, regarder...*). Ce ne sont pas des actes d'interrogation : elles ne sont interrogatives que par leur sens. Elles ne constituent donc pas à proprement parler des modalités de phrase : dans *Dis-moi s'il est venu* l'interrogative indirecte est incluse dans une phrase dont la modalité est impérative, elle n'indique pas à elle seule quelle relation est établie avec le coénonciateur.

Quand l'interrogation indirecte est *totale* elle est introduite par un *si* placé dans le COMP (*Je me demande s'il est venu*) ; quand elle est *partielle* elle fait appel à un mot interrogatif : pronom (*qui...*), déterminant (*quel + Nom*, etc.), adverbe (*pourquoi...*) placé lui aussi dans la position COMP (*Paul veut savoir quel livre j'ai lu, pourquoi je suis venu...*).

Le verbe opérateur (cf. *infra* p. 102) joue un rôle crucial dans l'interrogation indirecte ; il peut avoir un sens interrogatif par lui-même (*demander, s'enquérir*) ou prendre cette valeur grâce à la subordonnée (*dire, savoir...*) :

(1) Je dirai *si* je veux rester
(2) Je dirai *que* je veux rester

En (2) on a une complétive ordinaire ; en (1) la phrase implique une alternative : « je dirai si je veux ou non rester ».

L'interrogation indirecte partielle présente une curieuse lacune, illustrée en (4') :

(3) *Qui* vois-tu ?
(3') Je demande *qui* tu vois
(4) *Que* fais-tu ? / *Que* deviens-tu ?
(4') *Je demande *que* tu fais / deviens

(4') étant agrammatical, les locuteurs sont obligés de recourir à un tour en *ce que* :

(5) Je demande *ce que* tu fais / deviens

D/ Morphologie des mots interrogatifs

On entend par **mots interrogatifs** les morphèmes (déterminants du nom, pronoms, adverbes) qui dans les interrogatives partielles indiquent sur quel constituant porte l'interrogation. On a vu qu'ils peuvent figurer dans deux positions : dans le COMP ou dans la position qui correspond à leur fonction.

◆ Déterminants

Quel permet d'interroger sur l'identité : *Paul a pris quelle voiture ? / Quelle voiture a pris Paul ?* Dans l'usage familier on trouve aussi *lequel* : *Lequel piano tu choisis ?* Cet emploi est néanmoins réservé aux cas où l'on doit sélectionner un élément dans un ensemble restreint d'objets de même type.

La structure attributive représentée dans

(1) *Quel* est ton nom ?

semble pouvoir s'analyser en restituant un nom sous-entendu : *Quel N est ton nom ?* Si le N déterminé par *quel* peut être ainsi sous-entendu, c'est parce qu'il est repris plus loin dans la phrase. Dans cette structure le mot interrogatif ne peut se trouver que dans COMP : **Ton nom est quel ?*

L'interrogation avec *quel* entre en concurrence avec une autre, qui fait intervenir une structure attributive et une relative :

(2) *A quel homme* parles-tu ?
(2') *Quel* est l'homme *à qui* tu parles ?
(3) *Quel* enfant fait des bêtises ?
(3') *Quel* est l'enfant *qui* fait des bêtises ?

Il se produit en (2') et (3') un décumul : le relatif indique la fonction et le *quel* le caractère interrogatif. En revanche, en (2) et (3) ces deux informations se trouvent associées sur le groupe interrogatif placé dans le COMP.

Pour interroger sur la quantité on recourt au déterminant invariable *combien,* qui peut se combiner avec les substantifs comptables ou non-comptables : *combien de vaches.... ?, combien de beurre... ?*

◆ **Pronoms**

Les pronoms interrogatifs utilisent le même matériel morphologique que les relatifs, construits sur une base *qu-* :

Non-spécifié sémantiquement	Animé humain	Non-animé	Fonction
lequel	*qui*		Sujet
lequel	*qui*	*que / quoi*	C.O.D. Attribut
lequel	*qui*	Prep + *quoi*	Celles d'un GP

La répartition entre « non-animé » et « humain » laisse une lacune pour les animaux : pour la fonction sujet on ne peut pas dire **Qui aboie ?* Pour les êtres non-animés l'absence de pronom sujet est suppléée par une structure à inversion du clitique associée à une relative : *Qu'est-ce qui fait peur ?*

Pour la fonction d'attribut le pronom est *que / quoi* (plus précisément *que* dans le COMP et *quoi* à l'intérieur de la phrase) :

> Elle est *quoi* ?
> *Qu'* est-elle ? (plus souvent : « *Qu'* est-ce qu'elle est ? »)
> **Quoi* est-elle ?

Mais ici l'attribut ne peut pas désigner un individu particulier : à la question *Elle est quoi ?* on peut répondre *vendeuse, étudiante...*, mais non *Marie* ou *La fille de Paul*. En effet, *vendeuse* ou *étudiante* réfèrent à des professions, non à des individus. Pour désigner un individu il faut recourir à *qui* : *Elle est qui ? La fille de Paul*.

L'alternance entre *que* et *quoi* objet est libre dans les phrases à l'infinitif (*Quoi faire ? Que faire ?*) ; en revanche, on a affaire à une distribution complémentaire dans les phrases à verbe à temps-fini :

> *Que* fais-tu ?
> **Quoi* vois-tu ?
> Tu vois *quoi* ?
> **Tu vois que ?*

Le paradigme en **lequel** porte des marques de genre et de nombre et peut figurer dans toutes les fonctions possibles :

Lequel est venu ? / Tu as vu *lequel* ?
Sur lesquelles te bases-tu ? / Tu te bases *sur lesquelles* ?

Comme le déterminant *lequel*, il parcourt un ensemble restreint d'éléments de même type et demande au coénonciateur d'en sélectionner un.

◆ Adverbes

Pour certains circonstanciels on recourt à des adverbes invariables : *où ? quand ? comment ? pourquoi ?* Pour les attributs on utilise l'adverbe **comment** : *Elle est comment ? Charmante.* Mais cela ne vaut que pour les GA, et non pour les GN : *Elle est comment ? -*Vendeuse.*

III - L'IMPÉRATIF

L'impératif présente un état de choses à accomplir en mettant sa réalisation à la charge du coénonciateur. De là son lien essentiel avec la seconde personne.

L'identification de la structure impérative est facile. Mais on ne confondra pas *structure* impérative et injonction. Non seulement la structure impérative ne s'interprète pas nécessairement comme un ordre (ce peut être un conseil, une hypothèse...), mais encore l'ordre peut s'exprimer par d'autres moyens : l'infinitif (*Ne pas fumer !*), les phrases en *Que* + subjonctif (*Qu'il sorte !*), le futur simple (*Tu partiras demain*), des subordonnées objet (*Je vous ordonne de sortir*)...

A/ Morphologie de l'impératif

L'impératif se caractérise par une mélodie descendante, l'absence de sujet phonétiquement réalisé et sa restriction à la 2e personne du singulier ou du pluriel (*Pars ! / Partez !*) et à la 1re du pluriel (*Partons !*). En fait, cette 1re personne inclut une 2e : *achetons* implique *je* et *tu*, mais jamais *je* et une 3e personne.

Il emprunte l'essentiel de ses formes au présent de l'indicatif accompli ou non-accompli (*Dormez ! Ayez dormi à mon retour !*), sauf pour *être, avoir, vouloir, savoir* (=*sois, aie, veuille, sache*). À l'écrit on ne marque pas sur les verbes du 1er groupe le *-s* caractéristique de la 2e personne en *-er* : à côté de *Tu pleures* on ne trouve pas l'impératif **Pleures !* mais *Pleure !* En revanche, ce *-s* réapparaît dans la liaison avec les clitiques *en* et *y* et se prononce *-z-* : *Arrive-z-y de bonne heure !* Ici comme dans d'autres phénomènes de liaison il semble préférable de penser que le verbe à l'impératif possède toujours un *-s* mais que celui-ci s'efface dans la plupart des contextes. C'est-à-dire que le verbe est susceptible de prendre une *forme longue* avec *-s* et une *forme brève* sans *-s,* la seconde étant réservée à un certain nombre de contextes. On retrouve un problème comparable avec le *-t* de la 3e personne du présent de l'indicatif : *il vient / vient-il.*

B/ Sujet et clitiques compléments

Comme dans les phrases à l'infinitif, dans les phrases à l'impératif la position sujet est vide. Mais, à la différence de ce qui se passe pour l'infinitif ou le participe, on ne peut pas vraiment parler de sujet phonétiquement nul, car il y a une marque de 2e personne sur la flexion du verbe au pluriel. Si le sujet peut être ainsi nul, c'est parce qu'il est donné *par la situation d'énonciation elle-même.* Le sujet est spécifié, de manière circulaire, comme l'individu ou les individus à qui est adressé l'énoncé à l'impératif. Phénomène lié au fait que l'impératif ne s'emploie qu'*au présent* : le sujet à restituer est celui à qui s'adresse l'énonciation présente, celui qui est censé accomplir l'acte indiqué par l'impératif.

Les clitiques *compléments* du verbe à l'impératif ont la particularité d'être adjoints *à droite* du verbe, alors que dans les structures non-impératives ils sont à gauche :

Vous *le lui* donnez
Donnez-*le-lui*
Vous *m'en* donnez
Donnez *m'en*

Postposés, *me* et *te* passent à la forme tonique (*moi / toi*) : *Donne-moi le livre !* L'orthographe exige que l'on associe le verbe à ses compléments clitiques par un trait d'union.

La distribution peut se résumer ainsi

Verbe	I *Le, la, les* *moi, toi, lui, nous, vous, leur* (Donne-le-moi)
	II *M', t', lui, leur* *en* (Prends-leur-en)
	III *Nous, vous, les* *en, y* (Cherche-nous-y)

Mais quand il y a négation ceux-ci restent devant le verbe, même s'il y a élision du *ne* :

Ne *lui en* parlez pas !
Lui en parlez pas !

Tout se passe donc comme si à l'impératif les clitiques compléments ne pouvaient pas figurer en *première* position dans la série des éléments clitiques.

Malgré la réprobation des puristes, l'usage familier recourt souvent à l'inversion quand il y a élision de *ne* :

Parlez-*lui-en* pas
Donnez-*lui* pas d'argent

Cette stratégie a une vertu simplificatrice puisqu'à l'impératif elle postpose *tous* les clitiques compléments qui ne sont pas précédés de l'élément *ne*. L'usage familier aligne également l'ordre des clitiques postposés sur celui des clitiques antéposés quand il n'y a pas négation : *Donne-nous-le* (à rapprocher de *Il nous le donne*).

On pourrait penser que ce comportement remarquable des clitiques à l'impératif est dû à l'absence de sujet phonétique. Mais l'infinitif ou le participe, qui sont dans le même cas, ne connaissent pas cette contrainte :

Le lui dire est impossible
Je le vois *le* prenant par le bras

Ce problème de la place des clitiques est un des points les plus complexes de la linguistique des langues romanes et l'on ne peut invoquer à son égard aucune explication intuitive.

IV - L'EXCLAMATIVE

A/ Des structures variées

L'exclamation fait appel à une grande diversité de structures. Il existe un contraste remarquable entre la diversité de ces structures et la relative homogénéité de l'interprétation. Il s'agit toujours d'exprimer un haut degré. Par exemple pour dire de quelqu'un qu'il est gentil on peut recourir à de multiples tournures (notre liste n'est pas exhaustive) :

(1) Qu'il est gentil !
(2) Comme il est gentil !
(3) Est-il gentil !
(4) Il est si / tellement gentil !
(5) Quelle gentillesse !
(6) Il est d'une gentillesse !
(7) Cette gentillesse !
(8) Il est d'une telle gentillesse !
(9) Ce qu'il est gentil !
(10) S'il est gentil !
(11) Dieu sait si / comme il est gentil !

On ne confondra pas « phrase exclamative » et « énoncé exclamatif ». Des énoncés comme (5) et (7) sont des énoncés exclamatifs, des exclamations, mais pas des phrases.

Il existe un matériel morphologique exclamatif, qui pour l'essentiel est aussi utilisé dans l'interrogation directe ou indirecte : le déterminant *quel* (cf.(5)), quelques adverbes ou conjonctions (*si, ce que, combien, que, combien de, comme*). Mais les adverbes intensifs *que* ou *comme* sont proprement exclamatifs.

On peut ainsi distinguer deux grands types d'exclamatives :

— Celles qui comportent un mot exclamatif dans le COMP. Il peut s'agir d'exclamatives directes (cf.(1), (2)...) ou indirectes (cf.(11)) ;

— Celles qui n'en comportent pas (cf.(3), (6)...).

Reste néanmoins constante dans les multiples tours exclamatifs une intonation emphatique, marquée à l'écrit par le point d'exclamation. C'est parfois l'intonation seule qui permet de faire le partage entre interprétation exclamative et non-exclamative : par exemple en (3) ou (11) quand on doit distinguer entre exclamation et interrogation.

B/ Interprétation

Dans l'exclamation l'alternative entre l'affirmatif et le négatif n'a pas réellement de pertinence. Il suffit de comparer

(1) Il est très gentil
(2) Qu'il est gentil ! / Comme il est gentil !

(1) constitue une assertion, susceptible d'être niée : *Il n'est pas très gentil.* En revanche, (2) n'a pas de forme négative, sinon forcée : **Qu'il n'est pas gentil !* sera plutôt remplacé par *Qu'il est méchant !.* Cette propriété est révélatrice : l'exclamation ne décrit pas un état de choses, elle ne parle pas du monde, elle se présente comme une réaction émotive de l'énonciateur, en quelque sorte arrachée par l'intensité d'une qualité que l'on n'oppose pas à autre chose, qu'on considère en elle-même. *Quelle femme* ou *Est-elle gentille* seront interrogatifs ou exclamatifs en fonction de l'intonation. Interprétés comme interrogatifs, ces énoncés demandent au coénonciateur de sélectionner une femme parmi d'autres ou de faire un choix entre « être gentille »/« ne pas être gentille ». Interprétés exclamativement, ils n'exigent aucun choix de la part du coénonciateur.

La relation qui s'établit dans l'exclamative entre énonciateur et coénonciateur est donc très différente de celle des autres modalités de phrase. En proférant une assertion l'énonciateur ouvre au coénonciateur la possibilité d'approuver ou de nier ; en interrogeant il lui demande de compléter le vide qu'il ouvre par sa question ; en employant un impératif il le place dans l'alternative obéir/ne pas obéir. Mais dans l'exclamation le coénonciateur n'est pas appelé à répondre ; il est pris à témoin de l'expression d'un affect.

V - LA NÉGATION

A/ Spécificité de la négation linguistique

La **négation** ne se situe pas sur le même plan que les autres modalités de phrase, qui définissent un mode de relation au coénonciateur. Elle concerne en principe le contenu de l'énoncé, impliquant un choix de l'énonciateur entre la vérité d'un état de choses et sa fausseté.

Mais il y a loin de cette conception classique de la négation au fonctionnement de la négation *linguistique*. Comparons ces énoncés :

> (1) Elise n'est pas revenue
> (2) Elise n'est-elle pas revenue ?
> (3) Est-il pas mignon comme ça !

Pour (2), (3) on a bien affaire à des négations linguistiques mais c'est seulement pour (1) qu'il y a véritablement choix entre affirmatif et négatif. (3) constitue une affirmation emphatique et (2) entre plutôt dans le registre des « questions rhétoriques ».

Même pour les énoncés assertifs la négation ne s'applique pas mécaniquement. Elle doit composer avec les autres processus à l'œuvre dans l'énoncé. On le voit par exemple avec (4) et (5)-(5') :

> (4) Je promets d'être fidèle / je ne promets pas d'être fidèle
> (5) Je viendrai / je ne viendrai pas
> (5') Je vais venir / ? je ne vais pas venir

En (4) il y a nette asymétrie entre forme affirmative et forme négative. La première constitue un acte de promesse ; la seconde est plutôt un commentaire, nullement une promesse négative : l'énonciateur y est présenté comme distinct du *je* sujet de l'énoncé. En (5) le futur simple sélectionne directement l'affirmatif ou le négatif ; il y a une vraie alternative. Avec *Je ne vais pas venir* l'énonciateur commence par choisir la forme affirmative avant de la rejeter ; c'est pourquoi l'énoncé négatif semble maladroit s'il ouvre une énonciation. Il suffit de placer devant par exemple *J'ai réfléchi* ou *Finalement* pour que l'énoncé soit parfait :

J'ai réfléchi, je ne vais pas venir

En effet, *j'ai réfléchi* fait allusion à un *je vais venir*, explicite ou non, à une intention antérieure de forme affirmative.

En outre, la négation linguistique n'opère pas seulement au niveau de la phrase ; elle concerne aussi le lexique (*bon / mauvais, doux / dur...*) et la dérivation (*cohérent / incohérent, typique / atypique...*).

B/ La négation de phrase

Le français réserve l'usage de *ne* à la négation *de phrase* ; pour un nom déverbal (= dérivé d'un verbe) on utilise le préfixe *non* :

Il *ne* prend *pas*
*La *ne pas* prise / *la *ne* prise *pas*
La *non*-prise

La négation de phrase repose sur la combinaison d'un élément clitique antéposé *ne* placé entre le sujet et les clitiques compléments du verbe (*Je le lui ne donne pas / *Ne je le lui donne pas*) avec un élément appelé *forclusif* qui peut avoir un statut nominal (*personne, rien...*), un statut de déterminant (*aucun...*), un statut adverbial (*jamais...*). C'est *pas* qui est employé dans la très grande majorité des cas. Le forclusif peut précéder *ne* ou le suivre :

Je *n'* ai vu *aucun* homme
Aucun client *n'* est passé

Les verbes à l'infinitif ont un comportement très surprenant. Les forclusifs *pas, point, plus, rien* y sont en effet antéposés. Dans la langue familière *rien* accepte les deux positions :

Ne *pas / point / plus* venir...
*Ne venir *pas / point / plus*...
Ne *rien* donner / Ne donner *rien*...

Comme la place des clitiques à l'impératif, ce phénomène résulte de principes linguistiques qui n'ont rien d'évident. D'autant plus que cette contrainte ne se retrouve pas au participe : *Ne pas venant*.

À l'oral le *ne* est le plus souvent élidé. Il est en effet perçu comme redondant et sa consistance phonétique est faible (d'autant plus que son *-e* s'élide devant voyelle). Alors qu'en ancien français le *ne* suffisait à nier, aujourd'hui c'est le forclusif qui tend à devenir le marqueur de négation. On trouve néanmoins quelques survivances de l'ancien usage pour une série limitée de verbes modaux (*oser, pouvoir, savoir*) ou aspectuels (*cesser*) étroitement associés à l'infinitif qui les suit : *Je n'ose répondre, Je ne cesse de le dire*....

En dehors de ces quelques verbes l'emploi de *ne* sans forclusif est le fait d'emplois dits ***explétifs***, qui n'ont pas de valeur négative. C'est le cas après *à moins que, avant que, sans que,* après *de peur, de crainte que,* après certains verbes exprimant un rejet (*redouter, prendre garde, empêcher*...), mais aussi dans les comparatives d'inégalité :

(1) Il partira avant que je *ne* parte
(2) Je reste, de peur qu'il *ne* change d'avis
(3) Je redoute qu'il *ne* fasse une bêtise
(4) Il est moins / plus bête qu'il *ne* le dit

Il semble que cet emploi soit lié à une ***disjonction*** entre les deux propositions. Par exemple en (1) la subordonnée (*que je ne parte*) et la principale (*il partira*) ne peuvent être vraies en même temps ; en (3) le sujet de la principale espère la non-réalisation de la subordonnée.

La combinaison *ne...que* n'a pas non plus une interprétation négative au sens strict. Elle indique l'exception. Si l'on dit *Je ne vois pas tes enfants* on exclut l'ensemble formé par « tes enfants » mais en laissant ouverte la possibilité que l'on voie d'autres personnes. En revanche, avec *ne...que* seul le constituant sur lequel porte *que* (en l'occurrence « tes enfants ») est posé comme valide. De son côté, *ne...plus* est pleinement négatif, mais il cumule la négation avec le présupposé qu'auparavant la proposition était vraie :

Je *ne* dors *plus* chez moi

véhicule deux propositions : « Je ne dors pas chez moi » et « Auparavant je dormais chez moi ». La seconde constitue un *présupposé*.

C/ Négation totale et négation partielle

Comme l'interrogation, la négation peut porter sur l'ensemble de la phrase (négation **totale** : *Il ne pleut pas*) ou sur un de ses constituants (négation **partielle** : *Je n'ai pas vu Élise, mais Charlotte*). Mais bien des phrases sont ambiguës : *Il n'a pas vu sa mère*, par exemple, pourra s'interpréter comme « il est faux qu'il ait vu sa mère » (négation totale) ou « il est faux que ce soit sa mère qu'il ait vue » (négation partielle). C'est le contexte et le constituant sur lequel tombe l'accent d'insistance qui permettent de trancher.

Les forclusifs qui servent à la négation totale sont *pas, plus, point, nullement* (les deux deniers relèvent d'un usage soutenu). Ils ne sont pas combinables entre eux ni avec ceux de la négation partielle : **Je n'ai pas vu personne / *Il n'a plus désiré rien*. En revanche, ceux de la négation partielle sont combinables entre eux : *Personne ne dort jamais*.

Le caractère négatif des forclusifs de la négation partielle résulte de leur association avec *ne*. Ils peuvent en effet apparaître sans *ne* dans des énoncés qui ne sont pas négatifs. Mais uniquement dans certaines structures :

A-t-il *jamais* voulu cela ?
Si *jamais* vous venez, prévenez-moi.
Il est plus subtil que *personne*.

Dans ce cas ils ont un sens indéfini : *jamais* signifie « un jour », *personne* « une personne quelconque ».

Dans la négation totale les forclusifs doivent se trouver dans **la même** phrase que le *ne* ; ceux de la négation partielle (sauf ceux de type adverbial : *jamais, nulle part...*) peuvent figurer dans **une autre** phrase, complément d'objet à temps non-fini (cf.(4) ou (5)). A la condition toutefois que le verbe de la principale soit par le sens en relation étroite avec celui de la subordonnée. C'est ce que montre le contraste entre (4) et (6) :

(1)*Je ne souhaite [que Paul bouge *aucune* table]
(2) Je *ne* souhaite *pas* [bouger la table]
(3) *Je *ne* souhaite [bouger *pas* la table]
(4) Je *ne* souhaite [bouger *aucune* table]
(5) Je ne vois [refuser personne]
(6) ? ? Je ne reconnais [bouger aucune table]

Ce type de phénomène illustre une fois de plus la moindre autonomie des phrases à temps non-fini à l'égard de la principale.

D/ Valeurs pragmatiques de la négation

Dans l'échange verbal la négation peut prendre trois valeurs différentes que la syntaxe ne suffit pas à distinguer. Nous touchons ici à la *pragmatique* de la négation, à ce qu'on peut *faire* avec une énonciation négative. Considérons ces trois exemples :

(1) Il ne neige pas
(2) Luc ne t'aime pas
(3) Luc ne se méfie pas de toi, il te déteste

On peut concevoir un contexte où on se contente d'utiliser (1) pour décrire un état de choses, en assertant un contenu négatif : on parle alors de *négation descriptive*. L'énoncé (2) peut être employé pour s'opposer à une énonciation antérieure, implicite ou explicite (« Tu te trompes, Luc ne t'aime pas ») : il s'agit alors d'une *négation polémique*. Quant à (3), il conteste *les mots mêmes* d'une énonciation antérieure : on parle de *négation métalinguistique*.

Mais c'est uniquement en contexte que l'on peut éventuellement faire le partage entre ces diverses valeurs. Les sémanticiens discutent pour savoir s'il existe vraiment des négations descriptives, si toute négation ne rejette pas un autre énoncé, effectif ou virtuel.

– 4 –

Groupe nominal, groupe adjectival

A présent que nous avons caractérisé la phrase, nous pouvons considérer les diverses catégories majeures qu'elle inclut. Nous abordons en premier lieu le **groupe nominal**, dont dépend le **groupe adjectival**.

·I - LE GROUPE NOMINAL

Pour caractériser le GN on s'appuie tantôt sur ses propriétés *syntaxiques et morphologiques*, tantôt sur ses propriétés *sémantiques*.

Si on adopte le premier point de vue il apparaît comme un groupe qui peut être *sujet ou objet*, qui est organisé autour du **nom**. Ce dernier possède un *genre* et un *nombre*, est précédé de *déterminants* et *complété éventuellement par des GA ou des GP, des phrases complétives ou relatives*.

Les propriétés sémantiques du GN découlent de celles du nom, qui dans la conception traditionnelle réfère à des « substances » (personnes, choses, idées) alors que l'adjectif ou le verbe réfèrent à des qualités ou des procès. Cette conception a été très critiquée. On a fait remarquer que beaucoup de langues ne connaissent pas la distinction entre nom et verbe. En outre, bien des noms désignent des actions (*la destruction*) ou des qualités (*la beauté*).

Il est évident que la classe des noms *n'est pas homogène*. Logiciens et linguistes ont proposé diverses classifications. On connaît les classiques distinctions entre noms « concrets » et noms « abstraits », « comptables » et « non-comptables »...On oppose aussi les objets concrets (*Paul, chien, table...*) aux événements, états, processus (*arrivée, chute...*), et ces deux catégories aux entités qui échappent au temps et à l'espace (*doute, vérité...*). Ce sont là des problèmes dans lesquels nous ne pouvons entrer ici, mais qui sont d'une grande importance car ils touchent à une question essentielle : comment une langue peut-elle référer au monde ?

A/ Le déterminant

Le GN s'analyse en trois composants : Spécifieur, Nom, Complément du nom. La position « Spécifieur » est occupée par des morphèmes qui servent de **déterminants** du nom. Ce rôle peut être assumé par un seul morphème (*le livre*) ou combiner des constituants de diverses catégories (*tous mes autres livres*), dont les relations distributionnelles sont assez compliquées :

	I	II	III	IV	V	VI	VII
A	- *beaucoup, peu...* - *un, deux, trois...* - *certains, plusieurs,* - *aucun, pas un...* - *chacun, n'importe* *lequel...* - *trop, assez...* - *autant, plus...* - *une (tonne, masse...)* - *un (imbécile, génie...)*	*de*	*le* *ce* *mon* *un* *Ø* *tel*	- *quelques* *divers* *différents* - *deux...* - *tel*	- *unique* *rare* *seul*	- *même* *autre* *propre*	- *sorte* *espèce...* } *de*
	tout						
B			- *Chaque* - *n'importe* *quel* - *pas un,* *aucun* - *certains,* *plusieurs*				

◆ Les articles

La catégorie la plus importante est sans conteste celle des traditionnels **articles** (*le, un, du*), auxquels s'ajoutent les **adjectifs démonstratifs** (*ce*) et **possessifs.** Pour la cohérence terminologique il vaudrait mieux parler d'« article démonstratif » et d'« article possessif ». Ces éléments qui accompagnent obligatoirement les noms forment un paradigme, c'est-à-dire qu'ils s'excluent l'un l'autre : **ce le livre, *un mon ami...* A cette liste traditionnelle on ajoute depuis quelques décennies un **article zéro** souvent noté *Ø*. Parler d'« article zéro », c'est supposer qu'il n'y a pas ici absence d'article mais un véritable article, qui a pour particularité d'avoir une réalisation phonétique nulle. Son sens s'opposerait à celui des autres : *donner permission* n'est pas *donner une permission, renoncer à richesse et honneurs* n'est pas *renoncer à la richesse et aux honneurs.* Quand il est sujet le GN accepte difficilement d'être dépourvu de déterminant phonétiquement exprimé : **Justice est utile, *Voiture arrive...*En général, l'article zéro concerne des GN compléments (*rendre justice, une voiture sans coffre...*). Mais tous les noms qui ne sont pas précédés d'une unité phonétiquement perceptible possèdent-ils un article zéro ou faut-il distinguer des cas où il y a article zéro et des cas où il n'y a pas d'article du tout ?

◆ Les indéfinis

Comme le montre la colonne B du tableau, l'article peut commuter avec un groupe de déterminants traditionnellement dits **indéfinis** : *chaque, aucun,* etc. Mais il existe aussi des indéfinis (cf.A-I, A-IV, V, VI, et *tout*) qui peuvent se combiner avec l'article, antéposés ou postposés à lui. Du point de vue du sens ils se répartissent en deux ensembles d'inégale importance : les **quantifieurs**, de loin les plus nombreux, et les **qualifieurs** (*tel, même/autre...*)

Les **quantifieurs** mobilisent divers axes sémantiques :

Ensemble vide	Singularité	Pluralité restreinte	Pluralité non restreinte	Totalité
aucun *pas un* *nul*	*quelque* *n'importe* *quel* *certain*	*plusieurs* *certains* *quelques* *divers* *différents*	*maint*	*chaque* *tout*

Ces quantifieurs représentent une classe hétérogène d'éléments. Certains sont des pronominaux (*certains, plusieurs, beaucoup...*) suivis par *de*. D'autres appartiennent à des ensembles fournis, en particulier les **noms de quantité** : noms de mesure (*mètre, tonne...*), de nombre (*centaine, dizaine...*), de parties (*minorité, partie, pelletée, cuillerée..*), de quantité élevée (*armée, tapée...*).

Les noms quantifieurs ont une structure comparable à des noms qualifieurs dits **noms de qualité** : *cet imbécile (génie, abruti...) de* + Nom. Ont également une valeur qualitative, mais d'un autre ordre, des groupes comme (Article + *drôle, espèce / sorte de* + Nom) : *une espèce de fille, un drôle de bureau.*

Ces noms de quantité ou de qualité inclus dans le spécifieur ne doivent pas être confondus avec la structure habituelle des compléments du nom en *de* : dans *le génie de Pascal* ou *l'armée de Napoléon* le nom principal est *génie* ou *armée*, alors que dans *ce génie de Luc* ou *une armée de problèmes* le premier nom sert seulement à déterminer le second, qui est la tête du groupe.

◆ Les noms propres

Ils ne sont pas en général précédés d'un déterminant : *Picasso, Lyon...*Mais il y a de nombreuses exceptions qui alimentent beaucoup la réflexion linguistique : les familles (*les Martin*) ou les métonymies (*une Renault* (=la voiture), *les Picasso* (=les tableaux), *la Marie* (familier), *l'Europe*, etc. On peut toujours donner un déterminant à un nom propre si on oppose plusieurs de ses aspects (*le Picasso de la période rose*) ou que l'on fait du nom propre l'exemplaire d'une classe : *les Richelieu sont rares* (=ceux qui possèdent les propriétés de Richelieu). Ces phénomènes amènent à poser un problème de fond : y a-t-il réellement lieu de distinguer entre substantifs sans déterminant (noms propres) et avec déterminants (noms communs) ? Il semble plus approprié de dire que les noms propres *peuvent* s'employer sans déterminant que d'affirmer qu'ils n'ont pas de déterminant.

En matière de détermination nominale la terminologie est des plus confuses. Au sens large sont « déterminants du nom » les éléments dans le spécifieur mais aussi les diverses sortes de compléments du nom. Mais en général on réserve l'étiquette « déterminants » aux seuls constituants présents dans le spécifieur. Mais même avec cette restriction « déterminant » possède une extension très variable : les uns le réservent aux seuls articles, les autres l'étendent aux éléments qui commutent avec les articles, ou encore à tous les termes qui s'accordent avec le nom ; d'autres enfin l'emploient pour n'importe quels éléments du spécifieur. Cette question est pratiquement insoluble. Tout le monde s'accorde cependant pour voir dans l'article le pivot de la détermination et répartir les autres constituants entre *prédéterminants* (ou *préarticles,* ou *préactualisateurs*) et *postdéterminants* (ou *postarticles,* ou *postactualisateurs*), selon qu'ils sont placés avant ou après lui. Mais les éléments regroupés dans la colonne B du tableau brouillent cette répartition puisqu'ils ne peuvent pas se combiner avec les articles. Posent aussi problème les GN comme *quelques amis* ou *deux amis* pour lesquels il est difficile de dire que *quelques* et *deux* sont des « postarticles » au même titre que dans *mes quelques / trois amis.*

B/ L'accord en genre et en nombre

Comme la phrase, le GN constitue un domaine pour *l'accord*. Mais ce dernier concerne les marques de **genre** et de **nombre**, qui sont toutes deux des oppositions binaires : *masculin* vs *féminin, singulier* vs *pluriel.* Le genre fait partie des propriétés inhérentes du nom : chaque nom possède *son* genre, que précisent les dictionnaires de langue. En revanche, le nombre peut varier d'un énoncé à l'autre, sauf exceptions (*les ciseaux, les fiançailles...*). Mais cette variation a pour certaines classes de noms une incidence sémantique (cf. *La bonté est mal récompensée / Il a eu des bontés pour moi*).

Le nom ne porte pas en général de marques de genre et de nombre perceptibles à l'oral. C'est donc au **déterminant**, et en particulier à l'article, d'assurer ce marquage. Dans ces oppositions binaires l'un des termes (le masculin ou le singulier) est dit **non-marqué**, l'autre (le féminin ou le pluriel) est dit **marqué** : il suppose une complexification du terme non-marqué. C'est particulièrement net dans le code graphique : *noir* (masculin) + *-e* = *noire* (féminin). *Noir* (singulier) + *-s* = *noirs* (pluriel). Dans le code oral on trouve par exemple :

— Variation zéro /consonne : *fumeux* (∅) / *fumeuse* (∅z)
— Variation voyelle nasale / voyelle orale + consonne nasale : *tien* (ẽ) / *tienne* (ɛn).

La distinction entre code graphique et code oral est ici essentielle ; en français il existe un écart important entre ces deux systèmes : on prononce beaucoup moins de marques qu'on n'en lit. Dans les lignes qui suivent nous ne considérons que *l'oral.*

◆ L'accord en genre

Il concerne les trois constituants du GN (Spécifieur, Tête, Complément) puisque les déterminants, les noms, les adjectifs et participes peuvent porter des marques de genre.

● *Déterminants*

L'opposition est perceptible au singulier (*le/la, un/une...*) mais s'efface au pluriel (*mes, les, des...*). Néanmoins, elle n'est jamais assurée pour *leur* et les déterminants devant des noms commençant par une voyelle (*mon amie, l'amie...*), sauf pour *une.*

● *Noms*

La variation en genre concerne seulement les noms pour lesquels l'opposition de sexe est pertinente. Mais cette opposition ne passe pas nécessairement par une variation flexionnelle : ainsi *porc* / *truie* ou *ingénieur / femme ingénieur...* Quand la flexion nominale est impliquée, ce peut être par adjonction d'une consonne (*chat* (a) / *chatte* (at)), par substitution de consonne (*veuf* (œf) / *veuve* (œv)), par changement de suffixe (*instituteur / institutrice*) ou ajout d'un suffixe (*prêtre / prêtresse*). Pour les noms dits « épicènes », identiques au masculin et au féminin, c'est le déterminant qui assure la distinction : *un / une enfant, un / une élève*... C'est là un domaine instable de la langue et qui est très sensible aux contraintes idéologiques : au XIXe siècle *préfète* désigne l'épouse du préfet, non une femme préfet.

● **Adjectifs/participes**
Un grand nombre d'adjectifs prennent une marque de genre (*beau/belle, innocent/innocente*), mais pas ceux qui se terminent au masculin par un *-e* (*triste, souple...*). La marque de genre est assurée par divers moyens : ajout d'une consonne sans modification de la voyelle précédente (*grand* (ã) / *grande* (ãd), *long* (ɔ̃) / *longue* (ɔ̃g)) ou avec modification (*sot* (o) / *sotte* (ɔt)), changement de consonne finale avec ou non modification de la voyelle (*voleur / voleuse, sec / sèche*), changement de suffixe (*séducteur / séductrice*). Pour les participes varient surtout ceux qui finissent par *-is/-it* (*soumise, cuite...*).

◆ **L'accord en nombre**
Cette marque est bien mieux assurée que celle du genre. C'est essentiellement l'article qui indique le nombre (*un/des, le/les*...) : depuis l'ancien français la marque du pluriel des noms ne se prononce plus, même si elle s'écrit (*enfants, fleurs*...). L'usage tend à éliminer les exceptions : on entend de plus en plus *les chevals* ou *les vitrails*. Quant aux adjectifs, ils ne varient guère, sauf quelques classes, la principale étant celle des termes en *-al/-aux*. Les participes passés ne marquent pas le nombre.

Dans le GN il existe donc une certaine *complémentarité* entre genre et nombre. Le nombre est surtout marqué par le déterminant, et le genre, quoique dans une mesure bien moindre, par l'adjectif. Mais l'harmonie entre les deux marques est loin d'être assurée ; à l'oral elles s'excluent l'une l'autre : *les* ou *ces* indiquent le nombre mais pas le genre, *heureuses* le genre mais pas le nombre.

La morphologie des articles est significative :

Singulier :	l(e)/la	un/une	ce(t)	mon-ton-son
			cette	ma-ta-sa
				notre-votre-leur
Pluriel :	les	des	ces	mes-tes-ses
				nos-vos-leurs

A l'oral l'opposition de **genre** est bien assurée **au singulier** (sauf pour *notre,* *votre, leur,* et avec les noms commençant par une voyelle (*l'amie / l'ami, mon ami / amie).* Quant à la marque du **pluriel**, elle est indiquée au détriment de celle du genre.

Les variations du type *ce/cet/cette* posent un problème intéressant : faut-il considérer que la forme normale du déterminant est *cet(te),* qui se réduit à *ce* devant consonne ? ou que *ce* est la forme normale qui devient *cet(te)* devant voyelle ou au féminin ? C'est une alternative qui se retrouve fréquemment en français, en particulier pour les problèmes de liaison : que faire par exemple du *t* de *vient-il* qui n'apparaît pas quand le sujet est anté-posé : *Il vient* ? Comme il est difficile de justifier l'apparition de phonèmes supplémentaires, aujourd'hui on a tendance à considérer que la forme phonétiquement longue est la forme normale, qui se raccourcit dans certains contextes, en particulier devant consonne.

C/ L'emploi des articles

Par « article » nous entendons ici les traditionnels « défini », « partitif » et « indéfini » ainsi que l'article zéro, les déterminants possessifs et démonstratifs. L'analyse de leur emploi est source de débats logico-linguistiques infinis. Certains sont en effet susceptibles de prendre des valeurs variées, ce qui oblige à leur attribuer un sens très abstrait. Ce que nous dirons ici sera donc extrêmement allusif.

◆ L'article zéro

Il a été longtemps négligé ; on le considérait comme un archaïsme réservé à des proverbes (*souvent femme varie*) ou à des expressions « figées » (*donner raison...*). En fait, son extension est considérable : avec les GN attributs (*devenir ingénieur*), dans les compléments du nom (*le livre de prières, une semaine de liberté...*), les énumérations (*il abandonne valise, manteau, chapeau*), dans des GP (*par inadvertance, sous influence...*) ou les locutions verbales (*faire crédit, donner raison...*). Ces dernières ne sont nullement figées ; beaucoup peuvent être passivées, par exemple : *injustice a été faite, ordre a été donné...* Mais il n'est pas facile de définir quelle différence de sens il y a entre *faire une allusion* et *faire allusion,* ni de déterminer si les divers emplois de l'article zéro se laissent ramener à une valeur sémantique unique.

◆ Défini et indéfini

On oppose traditionnellement les articles *un* et *le* comme **l'indéfini** au **défini**. Cette caractérisation est trop grossière. Au singulier ces deux articles peuvent désigner un individu (*un homme est entré, le frère de Paul est venu*) aussi bien qu'une classe ; dans ce dernier cas on parle de valeur « générique » : *un homme, c'est fragile* réfère au genre humain comme *l'homme est fragile*. Mais cette valeur générique n'est pas construite de la même manière dans les deux cas : l'indéfini atteint la généralité en prélevant un par un des éléments de l'ensemble, tandis que le défini saisit directement l'espèce. Quand *un* désigne un individu il extrait un élément quelconque de l'ensemble, alors que *le* désigne un individu censé unique (ou non-unique avec *les*) en présupposant que le destinataire sera capable de l'identifier par son savoir ou grâce au contexte. Il peut s'agir du contexte **linguistique** (valeur **anaphorique** : *un soldat est entré. L'homme...*) ou **situationnel** : *Regarde ! le paysage est magnifique.* A cela s'ajoutent les emplois où les propriétés qui permettent d'identifier le référent du GN sont fournies par les compléments du nom : *le fils de Paul, la maison que j'ai habitée à Paris...*

L'article défini pose beaucoup de problèmes en raison de la diversité de ses emplois. Non seulement il peut désigner des individus ou prendre une valeur générique, mais encore il figure devant des noms sans pluriel, noms abstraits ou de matière (*l'or, le blé, la tristesse, la beauté...*), là où dans beaucoup d'autres langues ne figure aucun article. Certains linguistes sont tentés dans ce cas d'ôter toute valeur sémantique à l'article défini, d'y voir seulement un morphème qui indique le genre et le nombre du nom ; mais la plupart préfèrent chercher un sens qui soit commun à tous ses emplois.

◆ Le partitif

Certains contestent son existence ; dans *du beurre* ou *de la farine* ils voient seulement la combinaison de l'article défini et de la préposition *de*. Difficulté aggravée par son comportement avec la négation, qui fait disparaître *le* : *Je ne bois pas de lait.* Quelle que soit l'issue de cette discussion, le sens du partitif est clair : il prélève une quantité indéterminée d'une notion non-discrète (ou non-comptable).

A la suite d'A.Culioli on peut distinguer non pas *deux* classes de notions représentées par les noms, **comptables** et **non-comptables**, mais *trois* : **discrètes (=comptables), denses, compactes.** L'article partitif s'utilise avec ces deux dernières classes, mais surtout avec les termes « denses » (*le beurre, l'eau*) dont on peut prélever une partie. Les « compacts » (*le bonheur, la douceur...*) désignent les propriétés d'un support, qui peut être implicite : dire *y'a de la joie*, c'est évoquer indirectement des gens joyeux.

◆ Le démonstratif

Il permet de référer à un objet qui est présupposé exister et se trouver dans l'environnement de l'énonciation dans laquelle il figure. Il peut s'agir de l'environnement situationnel ((*Regarde ce type !*) : emploi *déictique.* Il peut aussi s'agir de l'environnement linguistique, quand le démonstratif reprend un élément introduit auparavant dans le discours (*Un homme est entré. Cet homme...*) : emploi **anaphorique** (cf.*infra* 8.IV.C). Il peut également déterminer en quelque sorte par anticipation un GN qui permet d'identifier le référent désigné : *Il vit un de ces hommes qui portent une veste à carreaux.* Ici l'emploi de *ces* est justifié par une propriété distinctive (*porter une veste à carreaux*) fournie par le GN lui-même.

Il connaît une forme dite parfois **composée** en *-ci / -là*, que l'on oppose habituellement comme le proche au non-proche : *ce garçon-ci / -là.* Mais aujourd'hui la forme en *-ci* tend à sortir de l'usage et le *-là* prend fréquemment des valeurs laudatives ou dépréciatives.

◆ Le possessif

Il n'exprime pas seulement la relation de « possession » : *son roman (=de Paul)* peut désigner le roman que l'on écrit et non celui que l'on possède. De toute façon, la notion de possession n'est pas des plus claires ; elle oscille entre une interprétation large (*mon patron, mon train*) et une interprétation étroite (*mon chien, mon manteau...*).

Avec les noms dits « déverbaux », issus de la nominalisation de verbes, le possessif s'interprète comme le **sujet** ou l'**objet** du procès verbal : *son désespoir* (= il est désespéré), *sa capture par Pierre* (=il a été capturé). La plupart des groupes nominaux dont le GN complément est introduit par *de* sont susceptibles d'être associés à une structure [Dét possessif + Nom] ; mais ce n'est pas toujours le cas : *un mur de pierre* ou *la ville de Paris*, par exemple, ne peuvent être repris par *son mur* ou *sa ville* avec la même interprétation. En français l'accord se fait avec le nom qui suit, non avec le possesseur, à la différence de l'anglais par exemple (on dit *her books* parce que le possesseur est singulier et de sexe féminin).

Le possessif a beau commuter avec *ce, le, un*, il a un statut très différent d'eux dans la mesure où il est à la fois déterminant du nom et pronom. Il constitue en effet une projection des pronoms de 1re, 2e et 3e personne en position de Spécifieur : *mon livre* est en fait quelque chose comme *moi-livre*, où *moi*, devenu spécifieur, s'accorde en genre et en nombre avec la tête du groupe.

D/ LES COMPLÉMENTS DU NOM

Le nom régit souvent des **compléments** : ce sont *des GP* (*le chien de Sophie*), *des phrases* (*le livre que j'ai acheté /la pensée que tu pars*) ou *des GA* (*des enfants heureux*). Ces trois types de compléments sont cumulables :

Le livre rouge de Paul qui est sur la table

Nous reviendrons sur les relatives et les complétives quand nous traiterons de la phrase complexe. Les compléments GP en *de* posent de redoutables difficultés. Certains dépendent de noms dérivés de verbes (*la reddition de la ville*) ou d'adjectifs (*la blancheur du désert*) où le GP est interprété comme sujet ; d'autres dépendent de noms dérivés de verbes dans lesquels le GP est ambigu, étant interprétable comme sujet ou comme objet (*l'attaque de l'armée* = « on attaque l'armée » / « l'armée attaque »). Avec les substantifs ordinaires on a affaire à des relations de possession (*le chien de Julie*), mais aussi à des relations non-possessives (*le tableau de Picasso*, avec Picasso dans le rôle de l'auteur), aux propriétés très différentes :

Le tableau est de Picasso
*Le chien est de Julie
Un tableau de moi
*Un chien de moi
Mon tableau de Picasso
*Mon chien de Julie

Ici le *de* qui marque la possession ne semble pas se comporter comme une vraie préposition, mais plutôt comme un morphème qui marque simplement la dépendance entre le nom tête et le possesseur. En revanche, quand *de* indique une autre relation, par exemple ici l'auteur, l'agent, le GP se comporte syntaxiquement comme un GP introduit par une « vraie » préposition :

> Le livre *sur* la table / Le tableau *de* Picasso
> Le livre est *sur* la table / Le tableau est *de* Picasso
> Un livre *sur* moi / Un tableau *de* moi

Il faut donc distinguer deux types de GP :

— Ceux introduits par un *de* dépourvu de sens, qui marque une dépendance : noms déverbaux (*le départ de Paul*) ou possession (*le père de Paul*). Dans ce cas il n'y a structure de GP qu'en surface, puisque la « préposition » ne régit pas vraiment le GN qui la suit. C'est une contrainte purement syntaxique qui exige la présence d'un *de*.

— Ceux où on a affaire à de véritables GP, régis par la préposition qui les introduit : *la maison contre le bois, la fille sur le banc*...On retrouve alors les différentes catégories de circonstanciels : temps (*un voyage pendant les vacances*), le lieu (*l'homme contre le mur*), le but (*un livre pour le voyage*), etc.

Mais il existe une multitude de GP dont la préposition a un sens peu précis et instable, en particulier *à, avec, en, pour*. Dans ce cas on ne peut attribuer une interprétation à la préposition sans prendre en compte les deux GN qu'elle associe :

> *Un départ **à** Paris, un fauteuil **à** roulettes, un livre **à** Paul, un travail **à** mi-temps...*
> *Une poupée **en** papier, un travail **en** silence, un voyage **en** voiture, une chasse **en** forêt...*

Ce sont là des problèmes d'une extrême complexité : pourquoi *un voyage en voiture* et pas **un voyage en cheval* ? *une canne à pêche* et pas **un fusil à chasse* ? Pourquoi *un homme au sourire glacé* et pas **un homme à sourire glacé* ? Les GP compléments du nom en *à + article zéro + nom*, par exemple, mettent en jeu la distinction entre propriétés essentielles et propriétés accidentelles : *un navire à voiles* est un type de navire, conçu pour avancer avec des voiles, alors qu'*un navire avec voiles pendantes* est un navire particulier qui à un moment donné se trouve avoir des voiles qui pendent.

De même *une tasse à café* est un type de tasse, et *une tasse de café* une tasse où il se trouve qu'il y a du café. L'analyse de tels phénomènes fait intervenir des considérations sémantiques d'une extrême finesse qui font l'objet d'un grand nombre de recherches.

Ces problèmes croisent ceux posés par les emplois de l'article zéro ; bien des GP compléments du nom incluent en effet des GN dépourvus d'article : *un visage sans expression, un fauteuil à bascule, un bloc de fer...* La présence d'un article zéro semble liée au fait que le GP ici n'est pas un élément qui réfère de manière autonome mais qui sert plutôt à caractériser le nom principal. Pour le sens il se rapproche d'un statut adjectival : *une peinture sur soie* est un type de peinture, alors qu'*une peinture sur la soie* met en relation deux entités posées comme indépendantes : une peinture et de la soie.

II - LE GROUPE ADJECTIVAL

Le GA est une catégorie majeure mais « secondaire », car il dépend du nom, avec lequel sa tête, l'adjectif, s'accorde en genre et nombre. Sa présence dans le GN est d'ailleurs facultative. A lui seul un GA ne réfère à rien ; il contribue à la référence d'un GN. Son **spécifieur** accueille des marqueurs de degré de divers types *(très, plus...que....)*. Un même GN peut inclure une suite de GA juxtaposés où chaque GA est lié de manière indépendante au nom tête : *un livre sombre, passionné, romantique...*

L'adjectif peut appeler des **compléments** : ce sont **des GP** (*Il est digne de sa femme*), **des infinitifs** (*Il est heureux de partir*) ou **des complétives** (*Il est content que je parte*). Mais tous les adjectifs n'appellent pas des compléments : *souple* n'en possède pas, *enclin* en exige (**Paul est enclin*), *heureux* peut ou non en être pourvu (*Paul est heureux de son départ / Paul est heureux*).

On ne confondra pas « adjectif » et « rôle adjectival ». En effet, un grand nombre d'éléments non-adjectivaux peuvent être employés comme adjectifs. Ainsi *une femme très enfant, un aspect banlieue...*Cela peut même concerner des énoncés entiers : *le genre « que vous êtes jolie, petite madame »...*Il n'y a pas passage d'une catégorie à une autre, car l'élément qui fonctionne comme adjectif n'appartient pas pour autant à la catégorie des adjectifs. C'est ce qu'on appelle traditionnellement « dérivation impropre ».

A/ Adjectifs et pseudo-adjectifs

La grammaire traditionnelle insistait peu sur le caractère hétérogène de la classe des adjectifs. A côté de l'adjectif au sens strict, c'est-à-dire l'adjectif **qualificatif**, on trouve pourtant beaucoup de **pseudo-adjectifs** qualificatifs, qui ne peuvent pas être attributs : essentiellement les **adjectifs relationnels** et ce qu'on pourrait appeler des **adjectifs antéposés**.

◆ Les adjectifs relationnels

L'usage des *adjectifs relationnels* se développe de plus en plus en français contemporain. Ils n'attribuent pas une qualité au nom mais définissent *une relation*. Leur comportement est donc différent de celui des qualificatifs :

— Ils ne peuvent être attributs : **la population est lycéenne* ;

— On peut les paraphraser par un GP : *la frontière mexicaine = la frontière du Mexique ;*

— Ils ne sont pas antéposables au nom : **la cantonale élection* ;

— Ils ne peuvent être détachés en apposition : **départementale, la route mène à Paris* ;

— Ils n'ont pas de spécification en degré : **des voies très terrestres* ;

— On ne peut les coordonner avec un qualificatif : **un laboratoire universitaire et riche.*

On prendra garde toutefois que les mêmes unités peuvent fonctionner selon les contextes comme adjectifs ou comme pseudo-adjectifs, avec des interprétations différentes : *j'ai une collection de sceaux royaux* (pseudo-adjectif relationnel) vs *sa démarche est royale* (qualificatif, interprété comme « caractéristique d'un roi »). Employés comme relationnels, ils peuvent se rapporter au même nom de manière hiérarchisée, le plus à droite portant sur l'ensemble de ce qui le précède : dans *la politique étrangère française* le pseudo-adjectif *française* porte sur *la politique étrangère,* et non sur *la politique* seulement.

On peut également ranger parmi ces pseudo-adjectifs des termes du type *étudiant* utilisés dans des contextes comme *la vie étudiante* (=des étudiants).

◆ Les adjectifs antéposés

Il n'existe pas de dénomination usuelle pour les adjectifs que nous appelons ici **antéposés**. Nous recourons à cette étiquette pour mettre en évidence leur propriété la plus notoire. Il s'agit d'adjectifs en général courts toujours placés avant le nom et qui ont perdu leur valeur qualificative, comme en témoigne l'existence d'homonymes postposés : *un vrai soldat* vs *une réponse vraie, une sale affaire* vs *des mains sales,* etc.

Leur sens est pauvre, ils peuvent exprimer une évaluation positive ou négative (*une sacrée affaire, un sale type, un triste individu, une vague affaire...*). Ils peuvent aussi exprimer le caractère exemplaire du référent par rapport à sa classe : *une belle fille, un franc succès* avec des nuances diverses indiquent que la fille ou le succès correspondent au modèle de la notion de « fille » ou de « succès ».

Parmi les adjectifs antéposés certains ont une valeur classificatoire : *un ancien légionnaire, la défunte reine...* qui les rapproché des préfixes.

B/ Fonctions du GA qualificatif

Fondamentalement, le GA qualificatif n'a qu'une seule fonction dans la phrase, celle de dépendre du nom auquel il confère une propriété. Ce qui varie, c'est la manière dont cette relation s'inscrit dans la structure de la phrase :

◆ Épithète

Inclus dans le GN, il est **épithète**. Il ne peut être séparé du nom que par un autre GA épithète (*une bouteille verte neuve*) ou par un GP complément du nom (*un pichet de verre neuf*). La relation sémantique entre un adjectif relationnel ou un adjectif antéposé et la tête nominale a beau ne pas être la même que celle entre le GA qualificatif et le nom, la grammaire parle d'« épithète » pour ces trois cas.

◆ Apposition

Mis en **apposition**, le GA n'appartient pas pleinement au GN, puisqu'il est détaché de la phrase (cf. *supra* p. 41). Cette fonction n'est d'ailleurs pas réservée aux adjectifs. Le GA apposé
— Est toujours séparé du GN par une pause (marquée à l'écrit par une virgule) ;

— Il possède une valeur circonstancielle variable selon le contexte : *Paul, content de son sort* (=parce qu'il était content de son sort), *ne protesta pas* ;

— Il peut être déplacé : *Content de son sort, Paul ne protesta pas / Paul ne protesta pas, content de son sort / Paul, content de son sort, ne protesta pas.* Mais s'il est placé en tête de phrase il ne peut dépendre que du sujet : *Furieux, Paul partit / *Furieux, Paul vit René* (la phrase est agrammaticale si *furieux* se rapporte à *René*).

— On peut lui adjoindre des adverbes comme *justement, précisément, donc, par conséquent...* Ce qui est impossible pour les épithètes : *Mon frère, furieux par conséquent, décida de revenir / *Les gens furieux par conséquent sont partis.*

La distinction entre apposition et épithète croise celle entre interprétation **restrictive** et interprétation **appositive** (ou **non-restrictive**) des GA. Il y a interprétation « restrictive » quand le GA restreint l'extension du GN antécédent : dans *les livres rouges seront jetés* seul un sous-ensemble des livres, les rouges, est désigné. Il y a interprétation « appositive » dans le cas contraire, c'est-à-dire quand la référence du GN n'est pas restreinte. En d'autres termes, l'apposition ajoute une précision sur un référent qui a été construit antérieurement alors que la restriction contribue à l'identification de ce référent. Dans l'interprétation appositive l'antécédent constitue à lui seul une désignation complète, il n'a pas besoin du GA pour qu'on identifie son référent. Les GA apposés sont toujours non-restrictifs : dans *Trop voraces, les lapins ont été tués* tous les lapins sont concernés. Les GA épithètes, en revanche, sont très souvent susceptibles de recevoir les deux interprétations : *Les enfants blonds parcouraient les routes* peut référer à des enfants que leur blondeur oppose à d'autres (restriction) ou seulement donner un détail descriptif (non-restriction). C'est le contexte qui décide, même si certains facteurs linguistiques sont susceptibles d'infléchir l'interprétation ; ainsi avec un déterminant possessif c'est plutôt la valeur non-restrictive qui l'emporte.

◆ **Attribut**

Voir *infra* 5. I. A.

Dans la langue contemporaine, et en particulier dans le discours publicitaire, se dessine une tendance à employer des substantifs comme épithètes, voire comme attributs : *une vitesse escargot, un pull douceur.* Il peut même y avoir détermination en degré : *une boisson si tropiques.*

C/ L'expression du degré

Parmi les spécifieurs et les compléments de l'adjectif un rôle privilégié est accordé à ceux qui marquent le **degré** de possession d'une propriété par le nom :

◆ **Le degré sans comparaison**

— Le degré *faible* : par des adverbes antéposés *(faiblement, peu, médiocrement...)* ou des préfixes *(hypo-, sous-, infra-...)* ;

— Le degré *moyen* : par des adverbes *(assez, moyennement...)* ;

— Le degré *élevé* : avec un nombre considérable d'adverbes *(très, vachement, extrêmement, formidablement...)* ; avec une intonation spécifique *(Elle est forte !)* ; en utilisant des tours exclamatifs *(Est-il bête ! Ce qu'il est doué !)*. On peut aussi recourir à des préfixes *(hyper-, super-, sur-...)*. Il existe même un suffixe, *-issime*, qui reste mal intégré au système et prend le plus souvent une valeur ironique. La répétition de l'adjectif peut également marquer le degré *(Un type fou fou)* ainsi que quelques compléments figés qui repèrent le degré par rapport à une action ou un objet exemplaires : avec *à* + infinitif *(bête à manger du foin,...)* ou *comme* + GN *(fort comme un Turc, sec comme une trique...)*.

◆ **Le degré avec comparaison**

La **comparaison** (égalité, supériorité, infériorité) mobilise à la fois le spécifieur et des compléments de l'adjectif : des GP *(le plus bête de la classe)* ou des phrases comparatives *(plus bête qu'on ne pensait)*.

Les compléments de type GP permettent de construire ce qu'on appelle des **superlatifs relatifs**, dans lesquels la comparaison s'opère en isolant un élément de l'ensemble dont il fait partie grâce à l'article défini : *le moins doué de la classe.* La présence d'un article défini amène à supposer la présence d'un nom sous-entendu *(Paul est le N le plus blond de l'équipe)*. Quelquefois l'absence de complément de l'adjectif sert à exprimer le haut degré ; si on ne mentionne pas l'ensemble sur lequel est isolé l'individu, c'est pour produire un effet d'illimitation : *Il est le plus beau.*

D/ Place du GA épithète

Les *pseudo-adjectifs* ont une place fixe, postposée ou antéposée au nom, mais pas les adjectifs qualificatifs. Sont *postposés* ceux qui sont dits **classifiants**, qui découpent des ensembles d'objets, en particulier les adjectifs de couleur ou de forme : **un noir vélo, *une droite route*, etc. Ont en revanche une place *variable* par rapport au nom les adjectifs **non-classifiants**, ceux qui impliquent la subjectivité de l'énonciateur, en particulier les *affectifs* : *une époque merveilleuse / une merveilleuse époque, une femme gentille / une gentille femme...* Mais cette mobilité est limitée par diverses contraintes :

— de *mise en relief* : on antépose l'adjectif pour le mettre en valeur ;
— de *prosodie* : un adjectif plus long que le nom sera moins facilement antéposé (*un jour ennuyeux* plutôt qu'*un ennuyeux jour*), mais la volonté de mise en relief peut l'emporter ;
— *syntaxiques* : il y a postposition du GA quand l'adjectif possède un complément, que ce soit un GP (**une dure à la peine femme*) ou une phrase (**un heureux que tu viennes enfant*).

Mais les adjectifs classifiants, normalement postposés, perdent leur caractère classifiant lorsqu'ils sont antéposés. On opposera ainsi (1) à (2) :

(1) J'ai un manteau *noir*
(2) J'aperçus les *noirs* sentiers de l'Enfer

L'adjectif en (1) apporte une information qui permet de sélectionner un manteau ; en (2) il est redondant par rapport au nom (notre culture associe le noir à la mort). Il change alors de statut : il libère des valeurs « poétiques », « symboliques » (cf. *la verte campagne*).

– 5 –

Groupe verbal,
circonstanciels, adverbes

Les GV s'organisent autour du verbe, qui connaît deux types de complémentation : l'une qui appelle des **attributs**, l'autre qui appelle des **compléments d'objet**.

I - LES GROUPES VERBAUX ATTRIBUTIFS

A/ L'attribut du sujet

Les verbes qui associent un attribut à un sujet appartiennent à des classes sémantiques limitées, qui opposent l'être au paraître (*sembler, passer pour...*), marquent l'entrée dans un état (*devenir...*) ou la persistance dans un état (*rester...*). Leur complément ne peut être effacé : *Paul est..., *Jean paraît.....Ils peuvent être suivis d'un GN ou d'un GA qualificatif : *Paul est malade / Paul est marin*. En revanche, un complément d'objet ne peut commuter avec un GA : *Paul voit Marie / *Paul voit heureux.*

L'attribut ne peut pas être sujet d'une construction passive (**Un marin courageux est paru par Jacques*) ; il est pronominalisable par *le* invariable en genre et en nombre (*Médecin, elle **le** sera / Stupide, ils **le** deviendront*), ou par *en...un* si le pronom reprend un GN indéfini (*Paul est un soldat / Paul en est un*). Le GN attribut est souvent dépourvu d'articles (*Paul est* *marin, Jeanne est fille d'ouvrier...*), mais l'article est obligatoire si le nom est lui-même complété par un GA (**Paul est boucher sympathique*).

Quand l'attribut est un GA ce dernier entretient la même relation de sens avec le N dont il dépend que lorsqu'il est épithète ou apposition. A la différence du complément d'objet direct, il s'accorde avec lui en genre et en nombre. Le GN attribut peut avoir le même référent que le sujet. En cela aussi il s'oppose au GN complément d'objet direct, qui réfère nécessairement à une entité distincte du sujet : dans *Paul voit le frère de Jules* les deux GN ne peuvent être interprétés comme *coréférentiels*, comme désignant le même référent. Pour qu'il y ait coréférence ici il faudrait recourir au réfléchi *se* : *Paul se voit*. Or, précisément, les verbes attributifs n'admettent pas le pronom réfléchi : **Paul se devient*.

En fait, la relation attributive n'est pas homogène d'un point de vue sémantique. Il faut distinguer entre

— La relation **équative** qui identifie deux GN comme désignant le même référent. Dans ce cas les deux termes sont réversibles : *Le frère de Marie est le directeur / Le directeur est le frère de Marie*.

— La relation **attributive** proprement dite qui affecte une propriété au sujet (*Jeanne est sympathique*) ou l'inclut dans une classe (*Louis est (un) marin*).

Il existe des emplois du verbe *être* qui ne sont pas attributifs : quand il est suivi d'un GP qui marque la ***localisation*** (*Pierre est à Paris*) ou l'***appartenance*** (*Ce livre est à Jules*).

B/ L'attribut de l'objet

Ce qu'on appelle **attribut de l'objet** est une relation qui à l'intérieur d'un même GV lie un GN (*On a proclamé Jules député*) ou un GA (*Marie rend Jules peureux*) à un GN complément d'objet. L'attribut de l'objet peut être postposé ou antéposé au GN dont il dépend : *Je trouve Cécile gentille / Je trouve gentille Cécile*. Mais on ne peut pas le supprimer sans rendre la phrase agrammaticale (cf.(1)) ou changer le sens du verbe (cf.(2)) :

(1) **On a proclamé Jules
(2) Jean a rendu Eva

On parle d'« attribut de l'objet » parce que la relation sémantique entre le GN objet et le terme attribut est de même nature que celle entre GN sujet et attribut. Seuls certains verbes peuvent appeller de tels attributs : *nommer, considérer comme, tenir pour, trouver*... Mais il en est peu qui peuvent appeler aussi bien des GN que des GA attributs de l'objet :

(1) *J'ai nommé Paul heureux
(1') J'ai nommé Paul général
(2) J'ai trouvé Paul sympa
(2') *J'ai trouvé Paul sergent
(3) Supposons Paul gentil / général

II - LE GROUPE VERBAL À COMPLÉMENT D'OBJET

Les GV non-attributifs ne peuvent être suivis d'un GA, mais seulement de GN ou de GP (avec des verbes **transitifs directs** ou **indirects**), voire d'aucun complément (avec des verbes **intransitifs**). La distinction entre complément *direct* et complément *indirect* implique l'absence ou la présence d'une préposition, désémantisée ou douée d'un sens très pauvre (le plus souvent *à* ou *de*). Les verbes transitifs ont un ou deux compléments ; quand ils sont deux l'un est direct, l'autre est indirect (*Paul donne un livre à Jules*), à moins qu'il n'y ait un attribut de l'objet (*Jean a nommé Jules général*). Les verbes transitifs ont pour auxiliaire *avoir*. En revanche, les verbes intransitifs se répartissent en deux classes : ceux qui ont *avoir* pour auxiliaire (*avoir pleuré, crié*...) et ceux qui ont *être* (*être venu, être arrivé*...). Mais dès qu'un verbe est précédé de *se* on emploie nécessairement *être* : *On vend du vin / Le vin s'est (*s'a) vendu.*

Certains verbes transitifs **exigent** la présence d'un complément (*Paul se dirige vers moi / *Paul se dirige*), d'autres peuvent être employés sans complément : *Jean lit*. Mais on ne confondra pas le cas des compléments qui sont absents parce que non-spécifiés (*Francine fume*) et celui des compléments bien spécifiés qu'on restitue grâce au contexte (*Juliette tirait la valise et Marion poussait*). Quand un verbe transitif n'a pas de complément spécifié, ***pour le sens*** il ne fait aucun doute qu'il possède un complément implicite : *je mange* sous-entend « un aliment ». Mais y a-t-il pour autant une ***position*** complément vide ? C'est là un sujet de débat.

Certains verbes changent de sens selon qu'ils sont ou non pourvus d'un complément : *Marie a poussé / Marie a poussé la voiture*. Dans ce cas on parle en général d'homonymie.

A/ Le complément d'objet

◆ Le complément d'objet direct

Parmi les compléments du verbe le **complément d'objet direct** possède un statut privilégié. Il peut en effet être mis en position de sujet dans une construction **passive** (*Le chat a été mangé par la souris*). Cette propriété s'ajoute à d'autres : non-mobilité dans la phrase (**La souris le chat mange*), impossibilité d'être remplacé par un GA (*Paul voit Marie / *Paul voit heureux*), pronominalisation par *le* variable en genre et en nombre quand il s'agit d'un GN (*Je la vois, Juliette*) et par *le* invariable quand il s'agit d'une phrase (*Je le sais, que Paul vient*).

Mais cette notion d'objet direct mêle en fait *deux* relations entre verbe et GN :

— Une relation *sémantique* entre un verbe et un constituant qui réfère à un participant animé ou non-animé du procès verbal ;

— Une relation *syntaxique* d'inclusion d'un constituant dans le GV.

Or ces deux relations ne s'harmonisent pas nécessairement. Bien des « compléments d'objet direct » inclus dans le GV et appelés par le verbe ne réfèrent pas à des entités clairement séparables du verbe. Posent en particulier problème :

— Les compléments *de poids* ou *de mesure* (**Un mètre est mesuré par le chien*) ou *d'odeur* (*Il sent la sueur*).

— Les *compléments d'objet interne* : *vivre sa vie, courir sa course...*, où il y a redondance entre le verbe (qui peut être « intransitif ») et « l'objet ».

— Les *locutions verbales* ou *expressions idiomatiques* : *courir le guilledou, faire peur, rendre justice, prendre part...* Faut-il traiter ces groupes V-GN comme un bloc figé ou considérer que le GN possède encore une autonomie ? En fait, ces expressions ne forment pas une classe homogène. Certaines sont totalement figées (*prendre la mouche*) ; le GN ne peut être repris par un pronom : **Élise a pris la mouche. Elle est dans un bocal.*

D'autres, sans pouvoir non plus être pronominalisés (**Paulette donne tort à Marie. Il (=tort) est sérieux*) ont néanmoins une relative autonomie : ils permettent des constructions passives (*Justice a été rendue aux intéressés, Tort a été donné à Paul*) ou peuvent être déterminés par divers types d'adjectifs (*prendre part importante à quelque chose, faire fréquente mention de...*). D'autres enfin semblent avoir de véritables objets directs, qui ne font pas bloc avec le verbe : *Jacques a pris des conseils de Charles ; il les a suivis.* La présence d'un déterminant semble jouer ici un rôle essentiel : *prendre conseil* a un comportement très différent de *prendre des conseils*.

— Les périphrases verbales en *faire*, qui se laissent paraphraser par un verbe simple (*faire du ski / skier*) ou non (*faire du basket / *basketer*). Ce type de construction prolifère dans la langue contemporaine.

◆ Le complément d'objet indirect

Les compléments d'objet **indirects** sont également appelés par le verbe mais ils constituent des GP. Comme ils sont le plus souvent introduits par *à* ou *de,* ils sont pronominalisés, selon le cas, par *y* ou *en*. En tant que sujets, ils ne peuvent être sujets d'une construction passive (**Paul a été parlé par Marie*). Comme les GP peuvent aussi être compléments circonstanciels, le partage entre compléments indirects et circonstanciels n'est pas toujours facile à faire (cf.*infra* 5.III.A).

B/ Le problème des datifs

Les compléments que nous venons d'évoquer sont des compléments appelés par *chaque* verbe en particulier. Mais il existe aussi des compléments qui posent problème, car ils sont combinables avec un grand nombre de verbes sans être à proprement parler appelés par tel ou tel. Il s'agit de compléments **datifs**, de la forme *à + GN*.

On en distingue deux sortes : les **datifs bénéfactifs** et les **datifs éthiques**.

◆ Les datifs bénéfactifs

Ils indiquent au profit (ou quelquefois au détriment) de qui s'opère le procès : *Il a planté au voisin des fleurs.* Faut-il considérer *au voisin* comme un complément du verbe *planter,* alors que ce type de complément semble pouvoir être associé à tout verbe agentif ? On trouve fréquemment ces datifs

à la forme clitique : *Il m'a déchiré le formulaire, Il lui a abîmé son mur...*
D'ailleurs, nombre de verbes qui acceptent mal des compléments GP en *à* peuvent être associés à des datifs clitiques :

> Jean *lui / m'*a bu les deux verres
> ?* Il a bu à Paul deux verres

A la forme réfléchie ce type de datif n'a plus de relation avec des compléments en *à* + *GN* : *On se fait une sieste, On se danse un tango...* Enoncés auxquels ne correspond aucun **On fait à tes amis une sieste.* Dans ce cas le datif indique seulement l'implication du sujet dans le procès.

◆ **Les datifs éthiques**

Ils se présentent sous la forme clitique de 1re ou 2e personne. Leur comportement est encore plus surprenant puisqu'ils peuvent être associés à des verbes intransitifs et même cumulés avec un autre clitique datif (cf.(3)) :

> (1) Ici la mer *te* monte à une de ces vitesses !
> (2) Le voilà qui *me* pousse de ces cris !
> (3) Il *te* lui a donné un sacré coup de poing !

Alors que le datif bénéfactif désigne un participant du procès exprimé par le verbe, le datif éthique implique un participant de *l'acte d'énonciation*, le plus souvent le coénonciateur. C'est parce que ce datif mobilise les participants de *l'énonciation*, et non de *l'énoncé*, qu'il peut être associé même à des verbes intransitifs (cf.(1)).

Il y a en quelque sorte prise à témoin de l'interlocuteur (parfois le locuteur lui-même) d'un événement qui est présenté comme remarquable et proféré de manière emphatique. On ne dirait pas aujourd'hui *Ma voiture te roule à 60 km à l'heure*, car c'est un énoncé qui ne suscite aucun étonnement.

Pour certains énoncés on peut hésiter entre l'interprétation en termes de datif bénéfactif et celle en termes de datif éthique : *Paul te détruit cette maison en cinq minutes !*

III - LES CIRCONSTANCIELS

A/ Compléments du verbe et circonstanciels

La ligne de partage la plus difficile à établir est celle qui sépare les GP **compléments indirects du verbe** et les GP **circonstanciels**. Les critères que les grammairiens retiennent habituellement sont deux tests **syntaxiques** :

◆ La mobilité

Le complément circonstanciel n'a pas de position fixe dans la phrase alors que le complément du verbe, inclus dans le GV, peut beaucoup plus difficilement être déplacé :

> Marie part au café à la nuit
> *A la nuit* Marie part au café
> ? ? *Au café* Marie part à la nuit

◆ La facultativité

On peut supprimer le circonstanciel et pas le complément indirect. C'est pourquoi certains parlent de compléments **non-essentiels**. Il ne faut cependant pas se méprendre sur cette facultativité. Un grand nombre de compléments du verbe sont également suppressibles (*Paul parle...*). Mais leur suppression n'a pas la même incidence que celle d'un circonstanciel. Considérons (1) et (2) :

> (1) Paul dessine un mouton
> (1') Paul dessine
> (2) Paul dessine un mouton sur la table
> (2') Paul dessine un mouton

Certes, (1') apparaît moins spécifié que (1), mais il sous-entend de toute façon un complément d'objet direct, un objet dessiné. Par contre, en (2') on ne peut pas dire que le circonstanciel soit sous-entendu, il s'agit seulement d'une phrase sans complément de lieu.

Le test de la mobilité n'a qu'une efficacité relative car bien des compléments indirects *du verbe* peuvent occuper des places variables dans la phrase :

(1) A Juliette il parle souvent de philo
(1') Il parle souvent de philo à Juliette

En (1) l'objet indirect occupe cette place parce qu'il joue le rôle de thème, il indique ce sur quoi porte l'énoncé. Quant au déplacement du circonstanciel, il n'est pas sans incidence sur le sens de la phrase :

(2) Sur un bon lit Paul se repose
(2') Paul se repose sur un bon lit

Hors contexte, (2) signifie plutôt que Paul est capable de prendre du repos s'il se trouve dans un bon lit ; (2') qu'il est en train de se reposer sur un bon lit.

Il arrive aussi que le déplacement du complément du verbe s'accompagne d'une modification de la structure syntaxique de la phrase :

(3) ? ? Sur la place une statue se trouve
(3') Sur la place se trouve une statue

En (3') c'est l'inversion du sujet qui rend possible la présence du complément du verbe (*sur la place*) en tête de la phrase. On entre ici dans des zones délicates. Par exemple, la valeur aspectuelle joue un rôle important : avec un état (cf.(3')) la grammaticalité est bien meilleure qu'avec un événement : **Sur la place a débouché Paul / *Sur la place Paul a débouché.*

◆ **La cliticisation**

En principe, seuls les compléments du verbe sont pronominalisables par un **pronom clitique** :

— *y / lui* pour les objets indirects en *à + GN* (*Je parle à Paul / Je lui parle, Je songe à la retraite / J'y songe*) ;

— *en* pour ceux en *de + GN* (*Je parle de Paul / J'en parle*).

Mais ce test n'est pas parfaitement sûr, car les compléments indirects du verbe qui sont introduits par d'autres prépositions que *à* ou *de* ne sont pas cliticisables : *Je vote pour Marion* / **Je lui vote...* Inversement, certains circonstanciels sont cliticisables par *y* : *J'y* (= *dans le salon*) *dors.*

B/ L'interprétation des circonstanciels

Le verbe est censé influer sur l'interprétation de ses compléments mais pas sur celle des circonstanciels, qui ne sont pas appelés par tel verbe en particulier. Ainsi dans

(1) Paul part à Lyon
(2) Paul court le 100 mètres à Lyon

la préposition *à* indique le mouvement à cause du verbe *partir* ; en revanche, pour (2), où *à Lyon* est circonstanciel, le verbe n'a pas d'influence directe sur l'interprétation de *à*.

En principe, le circonstanciel, à la différence des autres compléments, ne dépend pas d'un autre constituant de la phrase ; il tire en quelque sorte son interprétation de sa combinaison avec sa préposition : le sens de *à l'automne* ou *sur la table,* opposés par exemple à *en automne* ou *sous la table*, résulte des relations entre la préposition *à* et le sens du nom *automne*. Comme un certain nombre de prépositions sont très polysémiques (*par exemple, par hasard, par plaisir, par Paul, par la route, par beau temps...*), voire très pauvres sémantiquement (*à* ou *de*), le sens du GN joue un rôle décisif pour interpréter le circonstanciel. On comprend que l'absence de préposition ne soit possible que pour une classe limitée de GN circonstanciels, en particulier ceux qui découpent le temps (*la nuit, la veille...*).

L'interprétation des compléments circonstanciels s'opère néanmoins à l'intérieur de diverses catégories : **lieu, temps, cause / but, manière, moyen, concession...** Mais cette liste est instable. Aussi cherche-t-on à déterminer quelques grandes catégories : par exemple en regroupant cause et but, manière et moyen.

En général, le circonstanciel est associé à des énoncés référant à des *événements* ; ainsi (1) semble-t-il beaucoup plus naturel que (2) :

(1) Pierrette mange *à midi chez elle*
(2) ? ? Pierrette est sympathique *à midi*

Mais si l'on remplace dans (2) *est* par *a été*, l'énoncé s'améliore nettement :

(3) Pierrette a été sympathique *à midi*

car il s'agit alors d'un événement particulier.

C/ Hiérarchie des circonstanciels

Nous avons admis jusqu'ici que les GP circonstanciels étaient des compléments qui ne dépendaient pas du verbe, mais de l'ensemble de l'énoncé. De là leur mobilité.

En fait, tous les circonstanciels ne sont pas susceptibles au même degré de se déplacer. Ce sont ceux de temps ou de lieu qui sont les plus mobiles. Mais d'autres sont étroitement liés au GV. C'est en particulier le cas de ceux qui expriment la *manière* dont se déroule le procès (*Paul joue aux échecs avec subtilité*).

Mais il existe aussi des circonstanciels qui portent *à un niveau plus élevé que celui de l'énoncé*, qui commentent l'***énonciation***. Ainsi *par curiosité* dans (4) :

(4) *Par curiosité,* est-ce que tu comptes le revoir ?

Cet exemple pourrait se paraphraser : « Je te demande par curiosité : est-ce que... ? ».

On va voir que cette hiérarchie se retrouve chez les adverbes.

IV - LES ADVERBES

Les **adverbes** (par exemple *hier, ici...*) peuvent en effet jouer le même rôle que des SP circonstanciels, que ceux-ci portent sur l'énoncé ou sur l'énonciation.

Mais ils peuvent aussi jouer d'autres rôles. Ils forment une classe traditionnellement ***hétérogène*** où figurent des termes aussi variés que *ne, très, aujourd'hui, cependant, lentement, sur-le-champ...*Certains sont des morphèmes grammaticaux (*ne, aussi...*), d'autres appartiennent à des classes lexicales ouvertes (*stupidement, lentement,* etc.). On les définit en général par

— Leur **invariabilité** ;
— Leur **dépendance** : ils déterminent les constituants les plus divers : un adverbe (*vraiment peu*), un adjectif (*trop lent*), un nom (*peu de beurre*), un verbe (*sauter rapidement*)..., voire un énoncé (*Heureusement, il est malade*) ;
— Leur **intransitivité** : aucune autre catégorie ne dépend d'eux ; ils ne peuvent donc être la tête d'un groupe. Il existe quelques exceptions : *Malheureusement pour toi, Probablement qu'il est parti...* Mais ici l'adverbe hérite de la complémentation de l'adjectif dont il dérive (*Il est malheureux pour toi..., Il est probable que...*).

A/ Les adverbes intégrés à la phrase

Les adverbes qui portent sur une catégorie élémentaire lui sont contigus (*très court, peu loin de Paris...*). Ceux qui portent sur le verbe se répartissent, schématiquement, en deux ensembles :

— Ceux qui indiquent une évaluation *qualitative* ou *quantitative* : *Il dort bien, Il mange beaucoup, Il roule peu...* Ces adverbes sont en général placés immédiatement contre le verbe ;
— Ceux dits *de manière*, le plus souvent en -*ment*, qui qualifient le procès. Ils ont une mobilité plus grande que les précédents et entretiennent avec le verbe la même relation qu'un adjectif avec un nom déverbal : *Il détruit bêtement / Une destruction bête.* Certains sont d'ailleurs des adjectifs devenus adverbes (*Il marche droit, Il tient ferme la barre*) et l'on retrouve la distinction entre adjectifs qualificatifs (*parler doucement*) et relationnels (*agir judiciairement* = « faire une action judiciaire »).

Les adverbes de manière peuvent intervenir à deux niveaux différents, selon qu'ils caractérient le prédicat ou l'événement dans son ensemble. Par exemple *brusquement* en (1) et (2) :

(1) Il a réagi *brusquement* (= « il a réagi de manière brusque »)
(2) *Brusquement* il a réagi (= « l'événement « il a réagi » est intervenu de manière soudaine »)

Dans ce dernier emploi l'adverbe se place en tête de phrase. Il porte sur la mise en relation du sujet et du prédicat, non sur le seul prédicat.

B/ Les adverbes détachés

Les adverbes que nous venons d'envisager sont intégrés dans la phrase, même s'il se placent à divers niveaux de sa hiérarchie. Mais il existe aussi des adverbes qui sont *détachés* de la phrase, qui la commentent en quelque sorte de l'extérieur :

◆ Les adverbes de point de vue

Ils se placent plutôt au début et à la fin de la phrase. Comme l'indique leur nom, ils peuvent être paraphrasés par « d'un point de vue — » :

> *Formellement,* il y a un problème
> *Mentalement,* il peut tenir le coup

Grâce à eux l'énonciateur précise dans quel cadre il faut interpréter son énoncé.

◆ Les adverbes de phrase

Ils permettent à l'énonciateur de porter un jugement. Ils ne sont pas niables (**Jean n'a pas heureusement vu Lucette*) ni être « clivés » par *c'est...que* (**C'est en outre qu'il est venu, *C'est assurément qu'il est là*). On peut les diviser en deux classes, les **conjonctifs** et les **disjonctifs**. Les « conjonctifs » établissent un lien avec ce qui précède et ne peuvent donc commencer un discours (*en outre, au demeurant...*) :

> Il est malade ; *en outre,* il est incompétent

Les « disjonctifs », eux, peuvent être au début d'un discours. Ce sont essentiellement des adverbes **modaux**, qu'ils soient *logiques* (*probablement, certainement, sûrement*) ou *appréciatifs* (*heureusement, par chance...*) :

> Elise, *probablement,* est absente le jeudi
> Charlotte est revenue tôt, *heureusement*

Ce type d'adverbe ne peut pas porter sur des énoncés interrogatifs ou impératifs : **Probablement, est-ce qu'il dort ?*

◆ **Les adverbes d'énonciation**

Ceux-ci, *(sérieusement, blague à part, honnêtement...)* sont le pendant des circonstanciels qui portent sur l'acte d'énonciation lui-même (cf. *supra* p. 92). A la différence de la classe précédente, ils sont compatibles avec l'interrogation :

> *Franchement, entre nous,* tu veux quoi ?
> **Heureusement,* tu veux quoi ?

Franchement peut ici se paraphraser par « dis-moi franchement » ou « je te demande franchement ». Autrement dit, l'énonciation commentée peut être celle de l'énonciateur comme la réponse attendue du coénonciateur. Mais certains adverbes d'énonciation ne peuvent impliquer que l'énonciateur :

> *Justement,* je voulais te voir.

– 6 –

La phrase complexe

I - LA SUBORDINATION

A/ Subordination, coordination, juxtaposition

Nous avons jusqu'ici analysé la phrase dite **simple**, c'est-à-dire qui n'est constituée que d'une seule phrase. Or, on l'a vu, une phrase peut fort bien *inclure* des constituants qui sont eux-mêmes des phrases, dites **subordonnées**, de manière à former des phrases dites **complexes**. Il ne suffit donc pas que deux phrases soient liées pour qu'on puisse parler de « subordination » ; il faut que l'une soit incluse dans l'autre. Aussi distingue-t-on **subordination**, **juxtaposition** et **coordination**, les deux dernières étant parfois regroupées sous la notion de **parataxe**, opposée à la subordination (ou **hypotaxe**).

◆ La juxtaposition
Elle établit une relation entre deux phrases séparées par une pause. A l'écrit c'est la ponctuation qui marque cette pause. Comme il n'y a pas d'élément spécifiant la relation de sens entre les deux phrases, le coénonciateur doit faire des hypothèses sur la nature de cette relation en s'appuyant sur des indices de divers ordres : l'intonation (ou la ponctuation), le temps des verbes, la séquence textuelle dont font partie les phrases concernées (description, narration...), le genre de discours dont elles relèvent. On ne peut en effet interpréter la juxtaposition qu'en l'intégrant dans un ensemble discursif plus vaste. Ainsi, dans la suite

Un marin quitte son bateau, un commerçant ouvre sa boutique

la relation entre les deux phrases va avoir des sens très variés selon qu'il s'agit d'une description dans un roman, d'un guide de musée qui commente un tableau, d'une succession d'actions dans un récit, d'une argumentation où l'on veut démontrer que la diminution des effectifs de marins favorise le développement du petit commerce, etc.

◆ La coordination

Elle lie les phrases à l'aide d'un connecteur (*et, ou, car,*...) traditionnellement nommé **conjonction de coordination**, qui figure en tête de la phrase qu'il coordonne :

> Il vient *car* il est fauché
> Il est bête, *mais* il a des prétentions

A la différence de la subordination, la coordination peut également concerner des constituants *à l'intérieur* de la phrase ; par exemple ici deux GA :

> Il est bête *et* méchant
> Il est bête, *mais* méchant

La coordination ne permet pas d'intervertir les phrases ; ce qui la distingue des subordonnées de type circonstanciel :

> (1) **Or* il fait beau, je me promène par beau temps
> (2) *Quand* il fait beau je sors / Je sors *quand* il fait beau

En (2) la subordonnée a la mobilité de tout complément circonstanciel. En (1) l'interversion est impossible parce qu'une coordination s'appuie sur la phrase qui précède.

Nous venons de rappeler la définition stricte de la coordination. Certains linguistes en ont une conception plus large et y incluent des phrases liées par des adverbes conjonctifs : *de plus, pourtant, en effet,* etc. Toutefois, ces adverbes n'ont pas les mêmes propriétés que les conjonctions de coordination, qui ne peuvent se cumuler (**et or...*) ni apparaître ailleurs qu'en première position dans la phrase (**Pourtant et..., *en effet or...*).

B/ Principale et subordonnée

La grammaire traditionnelle à travers les exercices d'«analyse logique»
a imposé une distinction entre «proposition principale» et «proposition
subordonnée». Cette distinction semble aller de soi pour certains types de
structures. Ainsi pour

Paul est reparti parce qu'il avait peur

on a l'impression que la subordonnée s'ajoute à la principale. Mais considérons

Je veux que tu viennes demain

En disant que la principale est *je veux*, on néglige l'essentiel, c'est-à-dire le
fait que la complétive *que tu viennes* fait partie du GV, qu'elle a une fonction
d'objet direct. Il serait en effet illogique de proposer deux analyses différentes pour *Je veux sa défaite* et *Je veux que tu viennes demain* : dans les deux
cas il s'agit de compléments d'objets directs inclus dans le GV.

On doit donc utiliser la notion de « principale » en gardant à l'esprit que
la subordonnée est incluse et non ajoutée. On dira par exemple que dans
Je veux que tu viennes demain la principale est *Je veux ( )*, les parenthèses
marquant la position occupée par la subordonnée.

La notion traditionnelle de **proposition** est commode parce qu'elle permet
de distinguer la **phrase**, structure autonome, et les **propositions**, phrases qui
participent à la construction d'une phrase complexe : *Je veux son départ*
sera dite phrase **simple** et *Je veux qu'il vienne* phrase **complexe**, constituée
de deux *propositions,* l'une principale (*Je veux ( )*), l'autre subordonnée
(*qu'il vienne*). Dans notre exemple les « propositions » *Je veux ( )* et *que tu
viennes* sont toutes deux des phrases ; seul leur rôle varie : principale pour
l'une, subordonnée pour l'autre. La même phrase peut être à la fois proposition principale et proposition subordonnée ; dans

Je sais que tu veux que je vienne

la phrase *que tu veux ( )* est subordonnée à *je sais ( )* et principale par rapport
à *que je vienne.*

C/ Subordonnées à verbe à temps fini et non-fini

Il n'existe aucune classification des phrases complexes qui soit pleinement satisfaisante. En général, on les met en correspondance avec les catégories majeures dont elles jouent le rôle : **phrases-GN, phrases-GA, phrases circonstancielles**. Mais ce classement ne permet malheureusement pas d'intégrer tous les types de subordonnées. Nous exposerons d'abord ces trois types majeurs, avant de considérer les autres.

Phrases-GN et phrases-GA se divisent elles-mêmes en deux sous-classes, selon leur mode d'inclusion (on dit aussi « d'enchâssement ») dans la principale. La langue dispose en effet de deux stratégies pour conférer à une phrase le statut syntaxique d'un GN ou GA :

— Recourir à un marqueur d'enchâssement inséré dans le COMP (par exemple un pronom relatif ou la conjonction *que*) ; dans ce cas on a affaire aux **complétives** (phrases-GN) ou aux **relatives** (phrases-GA) ;

— Ôter au verbe de la subordonnée ses marques de personne et de temps pour lui faire jouer un rôle de GN (**phrase-infinitif**) ou de GA (**phrase-participe**). On parle alors de phrases à **verbe à temps non-fini**, que l'on oppose aux phrases à **verbe à temps fini**, qui portent des marques de temps et de personne. Une subordonnée à temps non-fini perd de son autonomie puisqu'elle n'a plus de relation directe à l'acte d'énonciation, elle est un simple constituant d'une autre phrase ; ce qui incite certains grammairiens à ne plus la considérer comme une phrase. Sa dépendance se manifeste en particulier par l'impossibilité pour elle de posséder une modalité de phrase qui lui soit propre ; une subordonnée ne peut par exemple être à la forme impérative :

* Il veut que partez vite

	SUBORDONNÉES	
	A verbe à temps fini	**A verbe à temps non-fini**
PHRASES-GN	*Je veux qu'il parte* **Complétive**	*Je veux partir* **Infinitive**
PHRASES-GA	*Les élèves qui reviennent de là sont déçus* **Relative**	*Les élèves revenant de là sont déçus* **Participe**

II - LA PHRASE-GN

A/ Fonctions

Par définition, ce type de phrase assume les fonctions du GN (sujet, objet direct ou indirect, apposition, attribut, complément du nom, de l'adjectif, de la préposition) sous ses deux formes : à verbe à temps fini (**complétive**) et à temps non-fini (**infinitif**) :

SUJET : (1) *Qu'il revienne* m'étonne
        (1') *Quitter Josette* est trop triste
COMPLÉMENT DU NOM : (2) L'idée *qu'il parte* me surprend
        (2') La pensée *de le revoir* me paralyse
etc.

Sauf exceptions (après *emmener,* les verbes de perception (*voir, entendre*...) et *laisser, faire*), les infinitifs n'ont pas de sujet exprimé, c'est-à-dire phonétique. Cette particularité nourrit un débat ancien sur la question de savoir s'il s'agit ou non de « phrases » dès lors que le sujet n'est pas réalisé phonétiquement. En général la grammaire scolaire traditionnelle réserve la dénomination « proposition infinitive » à celles dont le sujet est exprimé (*Paul entend Mariette marcher*). Pourtant, comme les phrases à temps fini, l'infinitif, même sans sujet exprimé, est niable avec *ne*...*pas* (*Ne pas travailler*), est passivable (*être battu par quelqu'un*) et recourt à des éléments placés dans le COMP pour certaines relatives (*Il a de quoi s'amuser*) et interrogatives (*Que faire ?*). Dans ce manuel nous avons choisi de considérer l'infinitif comme une phrase, dont la position sujet est occupée par un élément phonétiquement nul (sur ce problème voir *infra* p. 144). Cette décision dépend en dernière instance de la conception que l'on se fait de la syntaxe : si l'on admet qu'une phrase peut avoir un sujet qui, tout en étant phonétiquement nul, est néanmoins, d'un point de vue syntaxique, un vrai sujet, rien ne s'oppose à ce que l'infinitif ait un statut de phrase.

On notera en (2') la présence d'un *de* entre la tête nominale et l'infinitif. On peut considérer ce *de* comme une sorte de subordonnant réservé aux infinitifs, une sorte d'équivalent dans le COMP du *que* des complétives. On le voit dans ces exemples :

(3) *De* le revoir me fait peur
(4) Je regrette *de* partir

En (3) il y a un *de* alors même que l'infinitif n'est pas complément mais sujet. En (4) on voit apparaître un *de* qui n'est pas appelé par le verbe (**Je regrette de quelque chose*), dont la présence semble donc résulter de la subordination.

B/ Constructions opératrices

On nomme **noms, adjectifs, verbes opérateurs** les noms, adjectifs ou verbes qui appellent une complétive ou un infinitif. La presque totalité de ces verbes admet aussi des GN pour compléments.

◆ Les noms

La majorité des *noms* opérateurs appelle complétives et infinitifs (*l'idée de partir / que tu pars m'est désagréable*). Quelques-uns appellent seulement l'infinitif (*la liberté de choisir / *la liberté que je / Paul choisisse*).

◆ Les adjectifs

Les adjectifs opérateurs appellent des complétives qui, selon l'adjectif, seront au subjonctif (*Paul est content que tu partes* / **que tu pars*), ou à l'indicatif (*Paul est certain que tu pars* / **partes*).

◆ **Les verbes**

Un grand nombre de **verbes** opérateurs n'admettent qu'un sujet humain et peuvent être suivis d'un GN, d'un infinitif ou d'une complétive (*promettre, demander, souhaiter...*) :

J'ai promis *une réponse*
J'ai promis *de partir*
J'ai promis *que tu viendrais*

Un ensemble limité d'autres (modaux, aspectuels ou de mouvement) sont suivis d'un infinitif, et jamais d'une complétive (*pouvoir, commencer, courir...*) :

(1) Tu peux *dormir* / **Tu peux que...*
(2) Il a commencé *à dormir* / **Il a commencé que...*
(3) Je cours *acheter du pain* / * Je cours que...

Pour (1) et (2) on peut à bon droit douter que l'infinitif constitue une phrase. On retrouve ici la problématique de l'auxiliation (cf. *supra* p. 36). En revanche, l'analyse de (3) est controversée : peut-on dire que l'infinitif est complément du verbe de mouvement ?

Quelques verbes ne sont suivis que de complétives (*comprendre, annoncer, observer, constater...*). Mais la plupart peuvent être suivis de complétives comme d'infinitives. En général lorsque le verbe opérateur appelle *le* **subjonctif** dans la complétive objet il accepte aussi *l'infinitif* (*Je souhaite que tu partes / partir*), mais la réciproque n'est pas vraie (*J'espère venir / *que tu viennes*). Une complétive au subjonctif ne peut avoir le même sujet que la principale ; dans ce cas elle passe à l'infinitif :

Je veux qu'il vienne
*Je veux que je vienne
Je veux venir

Phénomène remarquable, la pronominalisation de la complétive objet s'aligne sur celle des compléments nominaux. Dans *Je songe qu'il est absent* la pronominalisation donne *J'y songe* parce qu'avec un complément GN la construction est indirecte : *Je songe à Marie.* Ce détail est révélateur : phrase-GN, la complétive se comporte sur ce point comme un GN.

La raison pour laquelle un verbe appelle *l'indicatif* ou le *subjonctif* dans sa complétive est un sujet de débats traditionnel. L'indicatif est plutôt associé à l'affirmation de vérités établies et le subjonctif à l'incertain (*Je sais qu'il vient / Je souhaite qu'il vienne*). Mais les choses sont plus complexes : dans *Je regrette qu'il soit parti* on a le subjonctif, en dépit du caractère certain de l'événement regretté. Intervient donc ici l'écart entre l'événement et le désir de l'énonciateur. Le passage à la forme négative ou interrogative déclenche souvent le subjonctif après des verbes qui appellent normalement l'indicatif :

> Je crois qu'il *vient*
> Je ne crois pas qu'il *vienne*
> Crois-tu qu'il *vienne* ?

Un grand nombre de complétives sont introduites par *à / de ce que.* Parfois le même verbe peut appeler *que* comme *à / de ce que* :

> (4) Je m'étonne *qu'*il vienne / *de ce qu'* il vienne

L'analyse de ces *à/ de ce que* pose problème. On peut restituer un nom sous-entendu, qui aurait une valeur voisine de celle de *fait* dans le tour *le fait que.* Dans ce dernier cas la phrase en *que* serait complément du nom sous-entendu : *il s'attend à ce N [que tu partes].* On peut aussi voir dans *ce* un déterminant démonstratif qui détermine la complétive comme il le ferait pour un GN ordinaire : *il s'attend à ce + changement* (GN) / *il s'attend à ce + que tu viennes* (Phrase-GN).

III - LA PHRASE-GA

Alors que les phrases-GN peuvent remplir les diverses fonctions d'un GN, les phrases-GA (**relatives** ou **participes**) ne peuvent être attributs. Comme pour les GA on retrouve la distinction entre *phrases épithètes* et *phrases appositives*, qui sont non-restrictives (cf. *supra* p. 80). Le caractère restrictif ou non-restrictif de l'interprétation de la relative ou du participe dépend du contexte, et en particulier de l'antécédent. Ainsi, après un nom propre (*Paul qui est venu*) ou un nom commun déterminé par un possessif (*mon livre qui est bleu*) c'est en général l'interprétation non-restrictive qui s'impose. Avec *les* l'interprétation est plutôt restrictive, la relative participe à la détermination du GN :

Les hommes *qui aiment / aimant la chasse* sont nombreux

Une relative restrictive (*L'homme que j'ai connu était blond*) repose sur une complémentarité entre relative et antécédent : l'antécédent est à lui seul une désignation incomplète, il lui faut une relative pour être complet ; en retour, cette relative, parce qu'elle possède en tête un pronom, a besoin d'un antécédent.

Relative et participe en apposition se chargent de valeurs circonstancielles diverses, souvent causales :

Son père, *qui est colonel,* n'a pu le supporter
Jeannette, *refusant de partir,* fut punie

Les participiales appositives peuvent en outre être déplacées :

Voyant son chagrin, ses amis le prirent avec eux
Ses amis, *voyant son chagrin,* le prirent avec eux
Ses amis le prirent avec eux, *voyant son chagrin*

Propriété que ne connaît pas la relative apposée, dont le pronom doit en principe être au contact de son antécédent. Dans la langue écrite soutenue on peut trouver des relatives non-restrictives dont l'antécédent est séparé du pronom (*La nature est généreuse qui prodigue sa beauté*). Mais cette tolérance est très contrainte, car dans ce cas l'antécédent est quand même le GN le plus proche : **Cette fille aime l'Italie que j'ai aimée* est une phrase agrammaticale si *cette fille* est l'antécédent.

A/ Les relatives

La phrase-GA **relative** se caractérise par l'incomplétude d'un élément, le

pronom relatif, qui reçoit de son « antécédent » ce qui lui manque. Ce pronom cumule trois rôles : il *représente* son antécédent, il marque la *subordination* et indique quelle *fonction* il joue dans cette subordonnée. Comme la position COMP, où se trouve le relatif, n'attribue pas de fonction, cette dernière est marquée par la variation morphologique *qui, que, pour qui, auquel...*, du moins en français non-populaire. Ainsi, dans la phrase

La fille *que j'ai connue* a disparu

la forme *que* indique que le relatif a une fonction d'objet direct.

En français si le pronom relatif est un GP, c'est l'ensemble du GP qui se trouve dans le COMP : on ne dit pas **La fille que j'ai parlé à*, alors que l'anglais par exemple accepte *The girl I spoke to* (phénomène dit de la « préposition orpheline »).

Il existe des relatives dites **sans antécédent** dont le pronom le plus souvent est un animé humain (*Qui m'aime me suive / Visitez qui vous voudrez...*), très marginalement un inanimé (*Advienne que pourra*). Sous la forme *quoi* il est associé à un infinitif dont il est complément (*Il a pris de quoi pêcher*). Le relatif peut se passer d'un antécédent exprimé parce qu'il désigne une entité non-spécifiée : par exemple, dans *Qui m'aime me suive* tout individu, du moment qu'il m'aime, peut me suivre. Quand elle est ainsi « sans antécédent », la relative joue le rôle d'un GN : sujet dans *[Qui m'aime] me suive*, objet dans *Suivez [qui vous voulez]*.

Signalons aussi les relatives qui ont pour antécédent un **adjectif.** Dans la phrase *De stupide qu'il était il est devenu fou* le relatif attribut *que* a pour antécédent *stupide*. Mais c'est un phénomène marginal.

La plupart des relatives sont à l'indicatif, mais on rencontre le subjonctif avec certaines relatives restrictives. En particulier :

— après des verbes comme *chercher, désirer,...* (*Je cherche un travail qui soit intéressant*) ;

— après un antécédent au superlatif (*Le plus beau qui soit*) ou comportant *seul, premier, dernier, unique* (*Le premier homme qui sache cuisiner...*) ;

— quand la principale est négative, interrogative, dubitative...(*Je ne connais pas d'homme qui puisse le faire, Connais-tu quelqu'un qui le vaille ?*).

B/ Morphologie des relatifs

La morphologie du pronom relatif est complexe et hétérogène. Elle mobilise plusieurs séries :

— Une série *qui / que / quoi* invariable en genre et en nombre mais pas en « cas » :

Sujet	*Qui*	
Objet direct Attribut	*Que*	
Après préposition	*Qui*	*Quoi*
	Humains	Non-animés

L'emploi de *quoi* est soumis à de nombreuses restrictions et l'usage est incertain en la matière : peut-on dire *la preuve à quoi, le mur à quoi...* ? En outre, les animaux n'étant ni inanimés ni humains sont en principe exclus : **le chien avec qui* n'est pas bien accepté. Cette série apparaît donc lacunaire. De là le recours aux formes en Prep + *lequel*.

— Deux éléments circonstanciels invariables *où* et *dont* ; ils sont l'équivalent d'une combinaison (Préposition + Pronom relatif). *Dont* pronominalise des GP en *de + GN* :

La ville *dont* je viens...
Le chat *dont* tu parles...
L'homme *dont* j'ai vu la maison...

Son emploi est très mal maîtrisé par la plupart des francophones. En particulier parce qu'il est susceptible d'être utilisé avec une interprétation voisine d'« à propos duquel » : *Le ministre, dont on sait qu'il a interdit les rassemblements politiques, s'est refusé à tout commentaire.*

— Une série variable en genre et nombre (*lequel / laquelle / lesquels*) qui peut se combiner avec les prépositions (*à laquelle / pour lesquels...*). Calqué sur celui du latin classique, ce système permet de remédier aux lacunes du paradigme *qui / quoi* précédé d'une préposition : *la terre sur laquelle, le chien avec lequel...*Mais il est peu utilisé en fonction de sujet (*un ami, lequel était malade,...*) et archaïque en fonction d'objet direct (*un ami, lequel Pierre veut convaincre...*).

On notera une divergence intéressante entre *dont* et *duquel,* qui sont des GP, quand ils sont eux-mêmes inclus dans un autre GP :

(1)*Il a revu le prof *duquel* il joue *avec le fils*
(2) Il a revu le prof *avec le fils duquel* il joue
(3) Il a revu le prof *dont* il joue *avec le fils*

Duquel complément d'*avec le fils* doit « monter » avec l'ensemble du GP qui le domine (cf.(2)). En revanche, *dont* peut se séparer d'*avec le fils*. Sur ce point, c'est *dont* qui a un comportement exceptionnel. Car en général **la langue ne permet pas d'extraire une catégorie incluse dans une catégorie de même nature** (ainsi un GP dans un autre GP). Ce principe explique par exemple le contraste entre (4') et (5') :

(4) J'ai vu l'ami de Lucette
(4') J'*en* ai vu l'ami
(5) J'ai parlé de l'ami de Lucette
(5') *J'*en* ai parlé de l'ami

En (4') le pronom *en,* qui pronominalise un GP, est extrait d'un GN (*l'ami de Lucette*), alors qu'en (5') il est extrait d'un autre GP (*de l'ami de Lucette*). Pour opérer la pronominalisation en (5') il faudrait faire comme pour (2), c'est-à-dire extraire le GP le plus grand : *j'en ai parlé* (*en* = de l'ami de Lucette).

Le système du relatif est source de difficultés pour les francophones, si l'on excepte *qui, que* et *où*. Les locuteurs ont tendance à recourir à des stratégies plus simples, mais rejetées par la norme : les relativisations dites **« populaires »**. Ainsi

(6) La fille *que* je suis venu *avec* est sympa
(7) La fille *que* je suis venu *avec elle* est sympa
(8) La fille *que* j'ai vu *sa* mère est sympa
(9) Le projet *que* je te parle est réalisable

Alors que dans la relativisation correcte le relatif sert à la fois à indiquer la fonction et à marquer la subordination, dans la relative populaire les deux choses sont séparées. Le *que* invariable y sert de subordonnant et un élément de rappel dans la subordonnée indique la fonction : une préposition devant un GN vide (cf.(6)), un pronom ou un adjectif possessif (cf.(7) ou (8)). Ces relativisations permettent d'éviter le recours à *dont* et au paradigme en *lequel*. Le cas de (9) pose problème : on peut y voir une simplification morphologique, qui substitue au pronom complément d'objet indirect un objet direct ; mais on peut aussi considérer que dans (9) comme dans (6)-(8) l'élément *que* est un simple subordonnant, et non le cas objet direct de *qui*.

C/ Le participe

On l'a vu, on discute pour savoir si l'infinitif est un verbe ou une phrase. De la même manière, il existe un débat pour déterminer si la forme participe en *-ant* est seulement un verbe « adjectivisé » ou, comme nous préférons le penser, une phrase-GA. Il est certain que le participe possède un certain nombre de propriétés de phrase. Entre autres :

— Comme l'infinitif, le participe possède un verbe qui varie en aspect (*dormant / ayant dormi, prendre / avoir pris*) et qui a les mêmes compléments, clitiques ou non, que lorsqu'il est à un temps fini : *il écrit une lettre à Paul / écrivant une lettre à Paul* ;

— Il est passivable : *un enfant ayant été vu par le témoin...*

— Il est « niable » avec les mêmes morphèmes que les phrases à verbe à temps fini : *il ne lit pas, jamais... / ne lisant pas, jamais...*

Comme l'infinitif le participe peut avoir ou non un sujet exprimé (*Paul venant, j'ai refusé / Les gens arrivant trop tard seront refoulés*). Si l'on admet qu'il existe un sujet phonétiquement nul, ce dernier s'interprète dans les deux cas grâce à un GN antécédent situé dans la principale :

Les gens [( ) *perdant leur emploi*] seront indemnisés
Paul veut [( ) *chercher du travail*]

Ce qu'on appelle traditionnellement **adjectif verbal** n'est qu'un participe qui a perdu ses propriétés de verbe pour devenir un adjectif comme les autres, qui s'accorde en genre et en nombre avec le nom :

Ces filles sont *étonnantes* (adjectif verbal)
Les acteurs *étonnant le public* sont rares (verbe au participe)

L'orthographe marque parfois la différence entre participe et adjectif verbal : *fatigant* (A), *fatiguant* (V).

IV - LES PHRASES CIRCONSTANCIELLES

Comme pour les phrases-GA et les phrases-GN on distingue les phrases circonstancielles dont le verbe est **à temps fini** (*Il est parti pour que tu sois libre*) de celles dont le verbe est **à temps non-fini**. Ces dernières peuvent être des infinitifs (*J'ai refusé avant de le voir*), des gérondifs (*En voyageant on s'instruit*) ou des participiales apposées à sujet exprimé (*Paul étant parti, j'ai renoncé*).

A/ Les circonstancielles à conjonction de subordination

Pour une phrase comme *Depuis qu'il est arrivé* dans *Depuis qu'il est arrivé je ne sors plus* la subordonnée circonstancielle montre clairement son parallélisme avec le GP, qui combine une préposition avec un GN :

Depuis (Prep) + *son arrivée* (GN)
Depuis (Prep) + *qu'il est arrivé* (Phrase-GN)

Parallélisme renforcé si l'on prend en compte les phrases-GN à l'infinitif :

Avant / pour (Prep) + *son arrivée* (GN)
Avant / pour (Prep) + (*de*) *partir* (Phrase-GN)

Malheureusement, pour diverses raisons ce parallélisme n'est pas toujours aussi net :
— Certaines prépositions ne peuvent introduire des subordonnées : **avec que...*, **par que...* ;

— Certaines locutions conjonctives (*alors que, bien que, afin que...*) n'ont pas de préposition correspondante : **alors ton refus..., *bien ton départ...* ;
— Certains subordonnants ne sont pas la combinaison d'une préposition (ou d'une locution prépositionnelle) avec *que* ou *de* : *comme, quand...* On peut néanmoins penser qu'il existe un niveau de représentation où la différence entre ces subordonnants et les autres s'affaiblit, puisque l'on peut reprendre *comme* ou *quand* par *que* :

> *Pendant que* Paul dormait et *que...*
> *Comme / Quand* tu venais et *que...*

— Il y a des types de GP circonstanciels auxquels ne correspond aucune phrase circonstancielle. Le lieu n'est marqué que par le relatif *où* et il n'existe pas de conjonction ou de locution conjonctive pour exprimer la manière (on doit recourir au gérondif : *Il a réussi en rusant*).

La détermination du **mode** de la subordonnée (indicatif ou subjonctif) est imposée par le subordonnant. On distingue :

— Les subordonnées qui commandent l'*indicatif* : *dès que, alors que, vu que...* ;
— Les subordonnées qui commandent le *subjonctif* : *afin que, bien que, pour que...* ;
— Les subordonnées *à l'indicatif ou au subjonctif*, introduites par des locutions conjonctives comme *en sorte que, de sorte que*. Mais on peut douter que le locuteur ait véritablement le choix entre les deux modes car ici seul le subjonctif semble compatible avec la subordination :

(1) Il agit en sorte qu'il *réussisse* (but)
(2) Il agit, en sorte qu'il *réussit* (conséquence)

En fait, dans (2) on a deux assertions distinctes, séparées par une pause, et non une véritable subordination.

Les subordonnants qui appellent le subjonctif appellent également l'infinitif : *avant que Paul parte / avant de partir*. La seule exception est *après que* qui pour les puristes appelle l'infinitif et l'indicatif. Mais l'usage a rectifié cette anomalie en associant *après que* au subjonctif : *Je le verrai après qu'il soit arrivé.* Les circonstancielles de cause (*parce que, vu que...*) appellent l'indicatif ; les circonstancielles de temps l'indicatif aussi, sauf en ce qui concerne l'antériorité et la postériorité (*après / avant que*). Les circonstancielles de but (*afin que...*) sont liées au subjonctif, comme les concessives (*bien que...*).

A côté des circonstancielles strictes, qui sont mobiles et paraphrasables par des GP circonstanciels (de temps, concession, cause, etc.), il y a des propositions qu'on dénomme traditionnellement des « circonstancielles » mais qui sont situées à un niveau plus élevé que les circonstanciels compléments de phrases. Leur rôle est comparable à celui des adverbes d'énonciation (cf. *supra* p. 95) :

Puisque tu l'aimes, il sera demain à la soirée

Ici la paraphrase adéquate serait : « *je te dis* qu'il sera demain à la soirée puisque tu l'aimes ». Il n'est pas établi de relation causale entre les deux faits (ton amour et sa présence à la soirée), comme ce serait le cas avec *parce que,* mais l'énonciateur commente sa propre parole.

B/ Gérondif et participiale détachée

Le participe permet de construire deux types de circonstancielles : les **gérondifs** (*Il est parti en criant*) et ce qu'on pourrait appeler les **participiales détachées** (*Marie se levant, j'ai dû prendre congé*). Ces dernières relèvent d'un usage soutenu, alors que les gérondifs sont universellement employés. La valeur circonstancielle de ces subordonnées (temps, cause, moyen, concession...) varie selon les contextes.

◆ Le gérondif

Il se signale par la présence d'un morphème introducteur *en*, qui ne peut être séparé du verbe que par un élément clitique : *en lui parlant / * en souvent parlant.* Suivant la perspective adoptée dans ce chapitre, nous considérons que le gérondif possède un sujet phonétiquement nul, dont l'antécédent est le sujet de la principale :

Paul a chassé Marie *en ( ) criant*

Ici l'antécédent ne peut pas être *Marie,* pourtant proche, mais seulement *Paul,* sujet de la principale. L'usage familier est moins strict quand il s'agit d'un sujet non-spécifié :

En ( ) prenant le train, la campagne est magnifique
La fortune vient *en ( ) dormant*

Ici le sujet n'est pas *la campagne* ou *la fortune* mais un agent implicite, celui qui regarde le paysage depuis le train ou qui dort.

Le gérondif a le privilège de pouvoir exprimer le moyen ou la manière, ce que l'on ne peut pas faire avec les subordonnées à verbe fini :

(1) *En boitant* il peut traverser la rue
(2) Il traverse la rue *en boitant*

Comme le montrent (1) et (2) la place du gérondif influe de façon décisive sur son interprétation. Postposé, il a essentiellement une valeur circonstancielle, il détermine un énoncé qui est indépendant de lui (cf.(2)). Antéposé, il sert plutôt de point d'appui à la principale qui le suit ; il peut donc être interprété comme une hypothèse (cf.(1)) ou renvoyer à un fait déjà établi (*Il se mit au lit. En dormant il leur échappait...*).

◆ **La participiale détachée**

Elle possède un sujet propre, qui doit être différent de celui de la principale :

Paul partant, Marie a pu le convaincre

Si la participiale n'a pas de sujet propre, c'est qu'elle a pour antécédent celui de la principale. Dans ce cas on n'a plus affaire qu'à une apposition ordinaire :

( ) partant, Marie a pu le convaincre

Il existe aussi des participiales détachées qui combinent un GN sujet et un participe passé. Elles expriment un état antérieur au procès du verbe de la principale et figurent devant la principale (**Paul me téléphona, Frédéric* *sorti...*), à laquelle elle offre un point d'appui, rappelant quelque chose qui a déjà été introduit. Cela peut correspondre à une structure passive (*Le repas avalé, il quitta la table*), comme à un verbe intransitif (*Frédéric sorti, Paul me téléphona*). A ce type de construction on peut aussi associer les structures attributives à GA (*Les enfants contents, je pouvais partir*). Ces constructions se laissent paraphraser par une relation de type attributif.

V - AUTRES PHRASES COMPLEXES

Un certain nombre de phrases subordonnées échappent à la tripartition phrases-GN / phrases-GA / circonstancielles. Sont concernées à des titres différents, les **consécutives,** les **comparatives,** les **hypothétiques** (ou **conditionnelles**).

A/ Les consécutives

Les subordonnées dites *consécutives* correspondent en fait à deux structures très différentes :
— Des subordonnées étroitement liées aux morphèmes (de quantité, de degré) du Spécifieur du GN ou du GA :

Il y a *tant* d'invités *qu'*on manque de chaises
Marlène est *si* gentille *qu'*elle n'a pas d'ennemis

On a ici affaire à une structure dite *de corrélation* où sont mis en relation un élément placé dans le Spécifieur (*tant* et *si*) et une phrase placée après la tête du groupe (*invités* et *gentille*).
— Des phrases qui sont davantage des coordonnées (au sens large) que des « subordonnées » :

Il est parti, *si bien que le contrat est rompu*
L'affaire est en faillite, *de sorte que Michel est licencié*

A la différence des circonstancielles, ces phrases font l'objet d'une assertion indépendante de celle de la principale. Toujours en seconde position, elles ne sont pas à proprement parler incluses dans la phrase précédente. Le test de l'interrogation est révélateur :

(1) L'as-tu vu quand il est venu ?
(2)*L'as-tu vu, de sorte qu'il est content ?

En (1) l'interrogation porte aussi sur la subordonnée temporelle, qui est incluse dans la principale. Mais en (2) elle ne concerne pas la consécutive.

B/ Les comparatives

Elles forment un ensemble disparate. Les structures les plus importantes reposent sur une *corrélation* avec un élément placé dans le Spécifieur du GA, ou parfois celui du GN :

Il est *aussi* intelligent *que* Luc
Il est *moins* chauvin *que* bête
Il est *plus* stupide *que* Marie n'est dévouée
Il a *plus* d'amis *que* d'ennemis
Autant de soldats *que* de civils furent tués

Étant donné la correspondance systématique entre adjectifs qualificatifs et adverbes de manière, ces derniers sont également concernés :

Il travaille *plus* intelligemment *que massivement*
Il marche *aussi* lentement *que Luc*

Grâce à la conjonction *comme* il est possible de se passer d'une structure de corrélation :

Il est doux *comme un agneau*

Le problème majeur posé par les comparatives est celui de l'*ellipse* d'un de leurs constituants : dans *Il est aussi bête que Luc* la séquence *que Luc* se réduit-elle à un GN ou faut-il y voir le sujet d'une phrase à GV « sous-entendu » (*est bête*) qui reprend celui le la principale ? Ce problème d'ellipse rapproche la structure de ces comparatives de celle des relatives, qui elles aussi font appel à un élément déjà mentionné dans la principale, en l'occurrence le GN antécédent. Dans les deux cas la subordonnée est incomplète et elle a besoin de la principale pour être interprétée.

C/ Les hypothétiques

Il est plus approprié de parler de « système hypothétique » que de « subordonnée hypothétique » car il n'y a pas ici inclusion d'une phrase dans une autre mais une **implication** où la validation de l'une dépend de celle de l'autre. Cette implication peut être assurée par des moyens syntaxiques très divers.

Par exemple, dans l'énoncé

Si tu venais (A), il serait ennuyé (B)

il y a système hypothétique parce que le locuteur produit un énoncé A (dit **protase**) posé hors de toute validation, à partir duquel il pose un énoncé B (dit **apodose**) censé s'ensuivre de A. Les deux énoncés sont indissociables, comme le montre la relation qui s'établit entre les temps des verbes : si on remplaçait *serait* par un autre temps verbal on obtiendrait un énoncé agrammatical ou sans valeur hypothétique. En revanche, dans une circonstancielle ordinaire on ne trouve pas ce type de contrainte sur la flexion des verbes de la principale et de la subordonnée.

Le système hypothétique le plus classique recourt à des phrases introduites par *si*. Elles peuvent être antéposées ou postposées à l'apodose, mais avec un changement de sens en conséquence ; en (2), par exemple, la venue de Paul a été envisagée précédemment :

(1) Je pars *si Paul vient*
(2) *Si Paul vient* je pars

Les systèmes en *si* peuvent exprimer

◆ Le potentiel

Si + Présent / Futur ou Présent (*S'il part, je partirai / pars aussi*)
Si + Imparfait / Conditionnel (*S'il partait, je partirais aussi*)

Avec les formes en -*ais* la réalisation est présentée comme moins probable.

◆ L'irréel du présent

Si + Imparfait / Conditionnel (*Si j'étais loin, je parlerais autrement*)

◆ L'irréel absolu

Si + Imparfait / Conditionnel (*Si j'étais un oiseau, je volerais*)

◆ L'irréel du passé

Si + Plus-que-parfait / Conditionnel composé (*Si j'avais pris des conseils, j'aurais travaillé*)

Mais il existe bien d'autres moyens d'exprimer une hypothèse :
— Des locutions conjonctives : *supposé que, au cas où, quand, à supposer que...* : *Quand je le saurais, je ne dirais rien* ;
— Des gérondifs : *En bossant, tu aurais ton concours* ;
— L'inversion du clitique sujet associée à une mélodie montante dans la protase : *Part-il, je le punis ;*
— *Que* et un verbe au subjonctif : *Qu'il parte, (et) je le punis* ;
— L'impératif : *Venez me voir, (et) vous verrez le résultat* ;
— La juxtaposition d'énoncés au conditionnel, au présent ou à l'imparfait avec une mélodie montante dans la protase : *Il serait venu, je l'aurais su / Il viendrait, je le saurais / Il vient, je lui dis tout / Il venait, je lui disais tout* ;
— La mise en relation de groupes syntaxiques détachés en tête d'énoncé : des GP (*Sans Paul (= si Paul n'avait pas été là), tout se serait bien passé*) ; des GA ou des participes (*Battu (= s'il était battu), il ne pourrait pas se relever*) ; des GN (*Orphelin (= s'il avait été orphelin), il échouait (= aurait échoué)*), etc.
Ces diverses structures de protase n'expriment pas par elles-mêmes l'hypothèse. C'est uniquement dans le couple qu'elles forment avec la phrase apodose qu'elles prennent une telle interprétation. Par exemple, dans

Qu'il vienne, je le verrais

la phrase *qu'il vienne* au subjonctif indique seulement que l'énoncé n'est pas asserté ; c'est par sa juxtaposition avec l'énoncé au conditionnel qu'il prend valeur d'hypothèse. Il y a donc bien souvent ambiguïté hors contexte : l'exemple donné plus haut *Orphelin, il échouait* pourrait, dans un autre contexte, s'interpréter comme une apposition à valeur circonstancielle (« quand il était orphelin... »).

– 7 –

La voix

Considérons les phrases suivantes, dont les structures ont quelque chose de paradoxal :

(1) Il vient quelqu'un
(2) Il est vrai qu'il a tort
(3) Paul a été vu par Marie
(4) Ce tissu se vend très mal

En (1) et (2) *il* a beau être vide de sens, il occupe la position sujet et c'est avec lui que s'accorde le verbe ; en revanche, le sujet qu'appelle le verbe (*quelqu'un, qu'il a tort*) se trouve placé après lui. Quant à (3) ou (4), ils offrent une situation symétrique : le GN en position de sujet (*Paul, ce tissu*) est interprété comme l'objet direct du verbe.

Ce qui est impliqué ici, c'est la manière dont l'énonciateur présente le procès, en distribuant ses participants (on dit aussi ses « actants ») dans le système de positions de la phrase. Ce type de phénomène relève traditionnellement de la catégorie de la **voix** (ou **diathèse**), bien illustrée par l'opposition entre « voix active » et « voix passive ». Dans les énoncés

(5) On a découvert une statue
(6) Une statue a été découverte
(7) Il a été découvert une statue

on admettra que les relations entre les participants du procès est constante (il y a une statue qui a été l'objet d'une découverte par un agent indéterminé), mais la manière dont est présenté ce procès, et en particulier le rôle du sujet, varie d'une phrase à l'autre. Cette variation est étroitement liée à la hiérarchie des informations apportées par l'énoncé : en (6) par exemple l'énoncé est focalisé sur la statue, tandis qu'en (7) c'est la découverte qui est mise en avant. En fait, différents paramètres (le sens du verbe, le temps de l'énoncé, l'aspect, la présence de tels ou tels circonstants, la détermination du nom, etc.) interfèrent dans ce processus complexe. Ainsi, la possibilité de recourir à une « passive impersonnelle » en (7) n'est -elle pas indépendante du choix du déterminant. Il suffirait de remplacer *une statue* par *la statue* pour que (5) et (6) semblent un peu bizarres et (7) agrammatical. Mais si l'on ajoute *hier* les énoncés (5) et (6) deviennent excellents : en utilisant l'article *la* on réfère à une statue déjà installée dans l'univers de savoir du coénonciateur ; or *découvrir,* sauf circonstances particulières, implique que la statue est inconnue. Quant à l'ajout d'*hier,* il améliore nettement (5) et (6) parce qu'il déplace le centre d'intérêt : de la statue vers les circonstances de sa découverte.

Si maintenant l'on remplace *découvrir* par *décapiter* on voit changer les données du problème :

(5') On a décapité une statue
(6') Une statue a été décapitée
(7') ? Il a été décapité une statue

Cette fois la passive impersonnelle (7'), hors contexte, semble bizarre, tandis que (5') et (6') paraissent excellents. Il semble que le caractère plus agentif de *décapiter* (si l'on compare ce verbe à *découvrir*) influe sur l'acceptabilité de la phrase.

Nous nous sommes attardé sur ce mince exemple pour montrer à quel point est forte l'intrication des processus syntaxiques et sémantiques. Mais dans ce chapitre nous ne pourrons que répertorier quelques-uns des modes d'organisation majeurs de l'énoncé, sans prendre en compte la multiplicité des contraintes qui interagissent dans chaque énoncé.

I - LA PASSIVATION

La structure la plus étudiée par les grammairiens est sans conteste le passif. Les grammairiens parlent de **passif** parce qu'ils mettent en relation *Le chien* *a mordu Mariette*, dit forme **active**, et *Mariette a été mordue par le chien*, dit forme **passive**. Ils considèrent que d'un certain point de vue il s'agit de la *même* phrase, où le verbe entretient les mêmes relations avec les deux GN : dans les deux cas le chien est l'agent et Mariette le patient de la morsure.

A/ Une opération dissymétrique

On décrit souvent le passif comme le résultat de deux opérations symétriques : promotion de l'objet direct en position de sujet et descente du sujet en position de « complément d'agent ». En réalité *il n'y a pas symétrie* :

— Beaucoup d'énoncés à objet direct n'ont pas de contrepartie passive ;

— Le complément d'objet de la structure active quitte une position directe pour une autre position directe, celle de sujet, alors que le GN normalement sujet devient un GP circonstanciel en *par ;*

— La présence de ce complément d'agent est facultative : *Mariette a été mordue* est parfaitement grammatical. Surtout à l'oral, la plupart des énoncés passifs sont dépourvus de complément d'agent. (Il existe des compléments d'agents introduits par *de* (*Jacques était suivi de Paul*), dont le sens est nettement moins agentif que *par*. Mais c'est un tour recherché et réservé à certains verbes comme *aimer, regretter...*).

Le passif suppose une **modification morphologique** du verbe, qui prend la forme *être* + Participe passé. Cette combinaison du verbe *être* et d'un participe passé n'est pas réservée au passif. On la trouve avec un grand nombre de verbes intransitifs (*Je suis venu, Paul est parti...*) ou à la forme pronominale des verbes transitifs (*il s'est lavé*). On le voit, ces divers emplois de l'auxiliaire *être* excluent la présence d'un objet direct.

Tous les verbes qui appellent un objet direct ne sont pas pour autant passivables. En sont exclus ceux qui expriment des états, ou ceux dont l'objet n'est pas un être nettement distinct du sujet (possession inaliénable, relation de partie à tout...). Ceci correspond à des cas variés :

— Outre *avoir* (**Un chien est eu par Lucette*) un certain nombre d'acceptions de verbes (*afficher, revêtir, connaître, présenter...*) : *L'entreprise affiche une belle santé / connaît la prospérité / *Une belle santé est affichée.../ *La prospérité est connue par l'entreprise.*

— Les verbes de mesure (*peser, mesurer, durer...*) : **Trois tonnes sont pesées par le rocher.*

— Les verbes de contenance : *comporter, contenir, comprendre* : ** Trois pièces sont comportées par cet appartement.*

— Les verbes attributifs (*être, devenir, rester...*), mais aussi des verbes comme *représenter* ou *constituer* qui sont de sens voisin : *Ce résultat représente un gros travail / *Un gros travail est représenté par ce résultat.*

— Les verbes d'odeur (*sentir, embaumer...*) : **La rose est sentie par la chambre.*

— Les emplois métaphoriques de nombreux verbes : *Ce toit craint l'eau. / *L'eau est crainte par ce toit.*

— Les locutions verbales (*tenir la route, faire son beurre, prendre la mouche...*) où le GN en position d'objet fait bloc avec le verbe, et ne peut donc être déplacé en tête : **La route a été tenue par la voiture /*Double emploi est fait par Paul* .

L'impossibilité de passiver peut aussi être due à certaines déterminations nominales ou aspectuelles :

(1) **Du thé est bu par Paul

(2) Beaucoup de thé a été bu

(3) ? ? Un chien est admiré

(4) Le chien est admiré

La passivation apparaît plus facile quand le sujet de la passive est bien individualisé. (3) serait bien meilleur avec l'interprétation générique (*un chien* désignerait alors n'importe quel chien). En faisant varier la détermination du sujet et celle du verbe, en plaçant l'énoncé dans telle ou telle position dans un texte, en mettant ou non l'accent sur tel ou tel mot, on peut ainsi faire varier considérablement l'acceptabilité d'une passivation.

On n'oubliera pas que la passivation concerne aussi les GN dont la tête est dérivée d'un verbe : *La dissolution de la chambre par le roi* peut être mis en parallèle avec *La chambre a été dissoute par le roi*. Mais dans le cas des GN l'équivalent du sujet de la passive (*la chambre*) est en position de complément du nom. Pour qu'il soit devant *dissolution*, il faudrait qu'il s'agisse d'un pronom personnel, exprimé par un déterminant possessif : *Sa dissolution de la chambre.*

B/ L'interprétation du passif

La structure passive associe deux relations *a priori* difficilement compatibles. Le GN sujet y est interprété à la fois comme celui du verbe *être* et comme l'objet du verbe au participe passé. Sont associées :

— La description d'un *état* : le verbe *être* suivi d'un participe passé (qui a un statut de GA) implique un sujet qui s'interprète non comme un agent mais comme le support d'une propriété ;

— L'évocation d'un *processus*, d'une action exprimée par le verbe mis au participe passé.

La répartition entre ces deux valeurs varie selon les énoncés : quand la phrase n'a aucun circonstant, et en particulier pas d'agent exprimé (*Marie est collée*), le caractère statif (= d'état) l'emporte, on a affaire à une relation entre sujet et GA attribut. On peut alors parler de *passif adjectival*. Mais si l'on introduit des circonstants (en particulier un agent, des déterminations de temps, de lieu, etc.) le caractère processif, événementiel est nettement accentué et l'on obtient la véritable passive, celle qui semble la contrepartie d'un énoncé actif : *Marie a été collée par le jury* évoque le résultat d'un événement, pas un état.

Le sens du verbe joue également un rôle. A l'égard de la passivation les verbes dits *perfectifs* (dont le procès va nécessairement à son terme : *fermer, naître*...) ont un comportement différent de celui des verbes *imperfectifs* (dont le procès peut se prolonger, sauf circonstances extérieures : *suivre, observer*...). Les perfectifs sans complément d'agent décrivent l'état résultant d'un procès achevé (*La porte est fermée*). En revanche, les imperfectifs expriment moins facilement un état et impliquent la présence, explicite ou non, d'un agent (*Simone est suivie*).

II - LES CONSTRUCTIONS EN *SE*

A/ Le passif pronominal

A côté de la construction passive en *être* + participe passé, il en existe une autre, en *se* + verbe, qui elle aussi « monte » l'objet en position de sujet avec une interprétation comparable : *Ses œuvres se lisent difficilement.* On peut y voir une autre forme de passif, que certains nomment ***passif pronominal*** (on parle également de constructions ***moyennes***).

Au présent il s'interprète plutôt comme une propriété que comme un événement. Ainsi, *Ce papier se déchire* désigne-t-il une propriété qui, selon les contextes, tendra vers le possible (« ce papier est déchirable ») ou l'obligation (« ce papier doit être déchiré »). Si le sujet est animé, il a le plus souvent une valeur générique et exprime une obligation : *Un chien se fouette = Un chien, ça se fouette.*

A la différence du passif en *être*, celui en *se* ne peut avoir de complément d'agent : * *Ce livre se vend par Paul.* Mais il a toujours un agent implicite, interprété comme humain et indéterminé. Ainsi dans *Un livre se déchire* ou *Tes perruches se sont vaccinées facilement* doit-on restituer un agent ; dans le second cas cet agent affleure à travers l'adverbe *facilement,* qui est orienté vers un agent implicite. Le passif en *être* ne connaît pas cette contrainte : dans *Paul a été usé par ses régimes amaigrissants* il y a un agent explicite, inanimé et identifiable. Mais le passif pronominal a l'avantage, par rapport au passif en *être,* de pouvoir marquer l'aspect non-accompli : alors que *La table est cassée* exprime un accompli, le résultat d'un procès achevé, *La table se casse* peut exprimer un inaccompli.

B/ Les médio-passives

C'est l'existence d'un agent implicite qui distingue les tournures passives pronominales d'autres, également pronominales, qui selon les auteurs sont dites « neutres » ou « médio-passives » :

(1) La vitre s'est cassée
(2) Le verre se casse facilement (= « est cassable »)

Alors que dans le passif pronominal (2) l'agent intervient de manière décisive dans le procès, en (1) l'agent est éliminé du procès et il n'y a aucune interprétation passive. On ne peut en effet parler de passif que si un lien est conservé avec l'actif. Seul (2) est paraphrasable par un agent humain indéterminé *on* dans une construction active : « on a cassé la vitre » ne constitue pas une paraphrase de (1), tandis que « on casse facilement le verre » peut constituer une paraphrase de (2). Bien souvent la distinction entre la structure passive pronominale et la structure médio-passive ne peut se faire qu'en contexte.

Le passif en *être* et les constructions en *se* ont pour point commun de *supprimer un des actants du procès*, le sujet, en vidant la position objet : le complément d'objet direct y occupe en effet la position sujet. Phénomène que l'on désigne parfois comme une « récession actantielle ». Le passif en *être* le fait en recourant à un verbe attributif, les autres utilisent l'élément *se* : deux manières d'éliminer l'objet direct. Le verbe *être* ne peut en effet régir un objet direct et dans son emploi réfléchi *se* est précisément associé à la disparition de l'objet direct (*Paul se voit*).

III - LES CONSTRUCTIONS IMPERSONNELLES

Nous venons de considérer des structures dans lesquelles, paradoxalement, le GN en position de sujet est associé à un verbe qui en fait l'appelle comme objet direct. Mais il faut aussi envisager le cas symétrique : celui de sujets qui sont placés à droite du verbe, tout en continuant à être interprétés comme le sujet sémantique de ce verbe. La position sujet est alors occupée par une forme dite **impersonnelle**, *il,* avec laquelle s'accorde le verbe.

A/ Les verbes impersonnels

Les *constructions impersonnelles* ne doivent pas être confondues avec celles dont le **verbe** appelle un sujet impersonnel. Dans ce cas le *il* est le véritable sujet du verbe. Cela concerne deux classes de verbes aux propriétés bien distinctes :

— Des verbes ou locutions **météorologiques** : *Il pleut, il fait nuit...* ;
— Des verbes **à complément obligatoire** (GN, infinitive, complétive) : *Il s'agit, il faut, il semble...*

Les verbes météorologiques n'ont pas de complément d'objet ; leur sujet doit être exprimé (**Grêle, *Fait nuit...*). En revanche, pour l'autre classe de verbes impersonnels le sujet est parfois élidé dans l'usage parlé (*Faut qu'on parte, S'agit de pas traîner...*). Il n'est pas certain que les sujets *il* dans ces deux classes de verbes soient de même nature. En ce qui concerne les verbes météorologiques, il peut s'agir du sujet appelé par le verbe et qui désigne un actant indéterminé ; on peut d'ailleurs le remplacer parfois par *ça : Ça pleut dur, ça mouille...* Ce qui les distingue des verbes du type *falloir*, où le morphème *il* est sémantiquement vide, véritablement impersonnel.

B/ Les impersonnelles passives et pronominales

Les *impersonnelles passives* (cf. *infra* (5)) et les *impersonnelles passives pronominales* (cf. *infra* (6)) présentent des similitudes intéressantes. Les premières sont en correspondance systématique avec les passives et les secondes avec les passives pronominales :

Il a été vu un homme / Un homme a été vu
Il se répand des nouvelles / Des nouvelles se répandent

On peut se demander en quoi ces constructions sont encore des « passives », dès lors que l'objet direct ne se trouve pas en position de sujet. En fait, ces constructions conservent deux traits essentiels de la passivation :

— (a) le sujet appelé par le verbe n'occupe pas la première position ;
— (b) la morphologie du verbe est modifiée par le passage à *être* + participe passé ou l'adjonction de *se*.

Mais ici l'élimination du sujet se fait par son remplacement par un *il* impersonnel, et non par la montée de l'objet, comme dans les passives ordinaires.
La plupart des passives impersonnelles en *être* ont une contrepartie personnelle (*Un homme brun a été vu / Il a été vu un homme brun*), mais il en existe dont le verbe n'est pas susceptible de figurer dans une passive personnelle :

Il a été parlé de Pierre
*Pierre a été parlé

Ici *Pierre* est complément d'objet indirect et ne peut donc être sujet d'une passive personnelle.
Dans ces passives impersonnelles, qu'elles soient en *être* ou en *se*, le constituant postposé au verbe doit être un GN *non-défini* ou une *phrase*, et la présence de circonstants est nécessaire :

(1) Il a été découvert un trésor sur la plage / *le trésor
(2) Il se vend trop de mauvais aliments /*les mauvais aliments
(3) Il a été dit / s'est dit que j'avais tort
(4) *Il est enfermé un enfant / *Il s'enferme un enfant
(5) Hier il a été enfermé un enfant
(6) Il s'enferme mille enfants par an dans les prisons

En (1) et (2) c'est le caractère défini du sujet qui bloque l'apparition d'une impersonnelle. Cette contrainte n'est pas spécifique de ces constructions passives, mais liées au *il* impersonnel, comme on le verra plus bas en C/ (*Il est venu l'homme*). L'agrammaticalité de (4) est liée à l'absence de circonstants, en particulier d'ordre temporel et locatif, comme le montrent (5) et (6). Le sens du verbe intervient également, comme on a pu s'en rendre compte avec le contraste *Il a été découvert / décapité une statue*.

Les passives impersonnelles en *se* et en *être* se laissent toutes deux paraphraser par des structures actives ayant *on* pour sujet :

On raconte trop de bêtises / Il se raconte trop de bêtises
On a parlé de la réunion / Il a été parlé de la réunion

Mais si la construction en *se* suppose un agent humain indéterminé, ce dernier ne doit pas figurer comme complément d'agent : *Il se dit bien des choses par les gens*. En revanche, les passives en *être* acceptent marginalement un complément d'agent : *Il a été dit bien des choses par Paul*.

C/ Les autres constructions impersonnelles

Il existe des **constructions** à sujet *il* impersonnel qui ne sont ni passives ni pronominales. Elles placent à droite du verbe un constituant qui s'interprète comme son sujet « réel » et qui doit être non-défini (*Il arrive la femme*). On peut également leur associer une contrepartie non-impersonnelle où ce sujet « réel » occupe la position sujet :

(1) Il arrive un malheur / Un malheur arrive
(2) Il a dormi souvent des soldats ici / Des soldats ont souvent dormi ici
(3) Il fume ici trop de gens à la fois / Trop de gens à la fois fument ici
(4) Il est souhaitable qu'il parte / Qu'il parte est souhaitable

— Avec (1) on a affaire à une construction réservée à une classe de verbes **intransitifs** que l'on dit **inaccusatifs** (*survenir, tomber, mourir...*). Les verbes « inaccusatifs » expriment en général un mouvement, une apparition ou une disparition, en général un procès sans véritable agent ; ils ont pour auxiliaire le verbe *être*. Ces verbes ont tendance à postposer leur sujet, même quand il n'y a pas construction impersonnelle : *Entre un homme, Survient un événement...* Au point que l'on peut se demander si pour cette classe de verbes la postposition au verbe n'est pas la place normale du sujet, qui n'est pas l'agent du procès.

— A côté des verbes intransitifs inaccusatifs il existe une autre classe, celle des intransitifs **inergatifs**, qui ont *avoir* pour auxiliaire (*pleurer, danser...*). Ils peuvent eux aussi figurer dans des constructions impersonnelles, comme on le voit en (2), mais seulement si leur sont associés divers circonstants (dans notre énoncé : *ici, souvent*, le temps passé du verbe) : **Il dort des soldats.*

— La construction impersonnelle n'est pas exclue pour les verbes **transitifs**, comme le montre (3). Mais elle est soumise à de fortes contraintes : outre le caractère non-défini du sujet et l'absence de complément d'objet, il faut que la phrase contienne un certain nombre de circonstants :

*Il mange leur repas des ouvriers
Il mangeait souvent des ouvriers dans ce café

Les circonstants permettent de conférer à l'énoncé une interprétation « événementielle » ; alors que *Les ouvriers mangent leur repas* reçoit une interprétation agentive, dans la structure impersonnelle on met au second plan cette agentivité pour exprimer quelque chose comme : « il y avait souvent des repas d'ouvriers dans ce café ».

— Les constructions du type de (4) en *il + être + GA +* Phrase (*Il est possible que je vienne*) sont beaucoup plus naturelles que leur contrepartie non-impersonnelle (*Que je vienne est possible*). On ne confondra pas cette structure impersonnelle en *il* avec les structures avec pronom démonstratif :

(a) *Il* est possible *que tu viennes*

(b) *C*'est possible, *que tu viennes*

(b) est symétrique de *Que tu viennes, c'est possible* alors qu'on ne peut avoir **Que tu viennes, il est possible.*

IV - CONSTRUCTIONS APPARENTÉES

A côté de ces constructions passives, impersonnelles ou pronominales cano-
niques, la langue dispose d'autres ressources pour supprimer le sujet appelé
par le verbe, opération qui le plus souvent s'accompagne d'une montée de
l'objet direct devant le verbe.

A/ Les infinitifs compléments

Diverses constructions utilisent l'infinitif complément de certains verbes :

◆ Avec *faire / laisser*

(1) Jacques a fait / laissé rédiger le rapport par Jules
(2) Jacques a fait rédiger le rapport à Jules

Ici l'infinitif n'a pas de sujet exprimé et le sujet sémantique appelé par le
verbe est complément d'agent (*par Jules*) ou complément datif (*à Jules*).

◆ Avec *se faire / se laisser*

(3) Léon s'est fait / laissé siffler par le public
(4) Léon s'est fait / laissé donner un collier par sa sœur

Au lieu de la structure agent-verbe-patient (« le public a sifflé Léon », « on
a donné un collier à Léon »), on a une structure qui ressemble au passif
personnel (*Léon a été sifflé par le public*), avec la promotion de l'objet en
position de sujet et la conversion éventuelle du sujet appelé par le verbe en
complément d'agent.

◆ **Avec *se voir***

(5) Les enfants se voient trop souvent refuser l'entrée
(6) Paul s'est vu interdire le sport par le prof

Énoncés que l'on pourrait paraphraser par « On refuse trop souvent l'entrée aux enfants », « Le prof a interdit à Paul le sport ».

Ces structures très productives présentent divers avantages par rapport aux passives classiques. Elles permettent de monter en position de sujet un complément d'objet indirect : ainsi *les enfants* en (5) ou *Léon* en (4). En outre, elles sont très libres sur le plan aspectuel alors que le passif en *être* a une valeur d'accompli qui est très contraignante.

B/ Les constructions à verbe symétrique

Parmi les constructions qui placent un GN interprété comme l'objet du verbe en position sujet, il en existe une qui est attachée à une classe de *verbes,* dits *symétriques* (ou quelquefois « neutres »), lesquels ont la particularité de pouvoir mettre en position sujet le constituant interprété comme l'objet sans exiger la modification morphologique du verbe ni la présence de *se* :

Paul *ferme* la porte / La porte *ferme*
On *éclaircit* la sauce / La sauce *éclaircit*

Quand le sujet est ainsi éliminé au profit du complément, au présent ou à l'imparfait l'énoncé peut exprimer une propriété : *La porte ferme* s'interprète plutôt comme « la porte est fermable ». Tendance renforcée si l'on remplace *la* par *une* pour conférer à l'énoncé une valeur générique : *Une porte ferme*. Mais, comme pour la passivation, l'introduction de circonstants peut infléchir notablement l'interprétation. On comparera ainsi :

(1) Grâce à toi notre sauce a éclairci (événement)
(2) Une sauce éclaircit (propriété)

A la différence du passif pronominal (*Une sauce s'éclaircit difficilement*), cette construction a pour effet d'éliminer l'agent du procès. Comme dans les constructions « médio-passives » dont elle est très proche (*La branche s'est cassée*) le lien avec la forme active est rompue.

V - LES VERBES À MONTÉE DU SUJET

A/ Un comportement singulier

Ce qu'on appelle *verbes à montée du sujet* brouille en apparence la distinction entre construction impersonnelle et personnelle. Il s'agit de *verbes impersonnels* (*sembler, s'avérer, paraître...*) qui peuvent aussi entrer dans des constructions de type attributif où ils ont un sujet « plein » :

(1) Il *semble* que Paul ait raison
(1') Paul *semble* avoir raison
(2) Il *s'avère* que le résultat dépasse nos espoirs
(2') Le résultat *s'avère* dépasser nos espoirs

Dans les énoncés (1') ou (2') les sujets *Paul* ou *le résultat* ne sont pas appelés par les verbes avec lesquels ils s'accordent (*sembler* ou *s'avérer*), mais par le verbe à l'infinitif subordonné. *Sembler* ou *s'avérer* sont « transparents », ils ne contraignent pas sémantiquement leur sujet (n'importe quel GN peut être leur sujet). Ces énoncés (1') et (2') ne sont donc pas comparables à ceux du type *Jean veut courir,* où *courir* est l'objet de *veut* et *Jean* son sujet. Ce ne sont pas non plus des structures attributives : certes, on peut substituer un GA à l'infinitif (*Paul semble malade*), mais à la différence de *sembler, paraître, s'avérer...*les verbes attributifs ne peuvent entrer dans des constructions impersonnelles (**Il est que..., *Il devient que...*).

Pour rendre raison de ce comportement syntaxique étonnant, on est amené à faire l'hypothèse que dans les constructions du type de *Paul semble partir* le sujet de *semble* est en fait celui de l'infinitif qui a été « monté » à partir de (2), dont la structure est parallèle à celle de (3). En (2) comme en (3) *Paul* est sujet de la proposition subordonnée :

(1) Paul semble ( ) partir
(2) ( ) semble Paul partir
(3) Il semble que Paul parte

En (1) *Paul* continue à être interprété comme le sujet sémantique du verbe à l'infinitif.

B/ Montée du sujet et passivation

Ce phénomène dit de **montée du sujet** n'est pas sans rappeler la passivation, où l'objet « monte » aussi en position de sujet de la principale, tout en continuant à être interprété comme l'objet du verbe. Mais ici c'est le sujet de la subordonnée qui « monte ». Cette « montée du sujet » permet de respecter le principe selon lequel en français les verbes à l'infinitif ont un sujet phonétiquement nul et les verbes conjugués un sujet non-nul. L'énoncé (1) est agrammatical, parce que le verbe conjugué (*semble*) est dépourvu de sujet phonétique, tandis que le verbe à infinitif (*partir*) en a un, qu'il ne devrait pas avoir :

(1) *Semble Paul partir

La « montée » de *Paul* permet de résoudre cette difficulté et de produire un énoncé grammatical *Paul semble partir.*

Cette double possibilité de remplissage de la position sujet (par un élément vide *il* (*Il semble que Paul dorme*), ou par montée d'un autre GN de la phrase(*Paul semble dormir*) est, on l'a vu, également ouverte pour la passivation :

(2) *Il* a été proposé une solution
(3) *Une solution* a été proposée

En (2) un *il* vient occuper la position sujet ; en (3) c'est l'objet direct. La passive, qu'elle soit ou non impersonnelle, permet d'éliminer l'agent du procès. En revanche, les verbes à montée du sujet sont dépourvus de tout agent.

En parlant de « montée du sujet » nous restons neutre quant à la question de savoir s'il s'agit d'un vrai déplacement du GN depuis la position de sujet de l'infinitif (ce qu'on appelle une « transformation ») ou une simple mise en relation du GN « monté » avec cette position de sujet de l'infinitif.

VI - LES MISES EN RELIEF

Les phénomènes que nous venons de considérer ont une incidence évidente sur la **thématisation,** sur la structure thématique de la phrase. Un énoncé n'est pas seulement une structure syntaxique, il est aussi partie prenante de la dynamique d'un texte qui a un avant et un après. En fonction du déjà dit, l'énonciateur met en relief certains constituants, il organise son énoncé à partir d'eux. *Hier, le chat a tué le canari* sera énoncé pour évoquer un événement qui s'est passé hier, tandis que *Le chat a tué le canari hier* localise dans le temps un acte déjà connu d'un chat déjà identifié. En français **l'ordre des mots** joue un rôle décisif et les phénomènes liés à la **voix** sont étroitement liés à la thématisation. La passivation par exemple, permet de faire de l'objet direct le thème de la phrase et de ne pas mentionner l'agent du procès :

Le canari a été tué hier
Les canaris se tuent facilement

Mais on peut aussi faire appel à des structures syntaxiques spécifiques, qui ont pour effet d'*extraire* ou de *détacher* un constituant.

A/ Structures clivées

L'extraction peut se faire grâce aux structures dites **clivées,** où l'on insère le constituant mis en relief entre *c'est* et un élément de type *qu-* :

(1) *C'est* le canari *que* le chat a tué
(2) *C'est* hier *que* le chat a tué le canari
(3) *C'est* à ton livre *que* je pense
(4) *C'est* Marie *qui* est venue

D'un point de vue sémantique, cette structure implique qu'ait été défini antérieurement l'ensemble entre les éléments duquel il faut faire une sélection : ainsi en (1) il s'agit uniquement de déterminer le patient du meurtre du chat, et en (2) à quel moment l'événement s'est produit.

B/ Structures disloquées

On ne confondra pas ces structures **clivées** avec les **pseudo-clivées** (*Ce que je prévois, c'est un échec / Celui qui vient, c'est Paul...*) qui relèvent de la **dislocation**, omniprésente à l'oral. La dislocation permet à l'énonciateur d'indiquer de quoi il va parler, de donner le thème par rapport auquel il organise son énoncé. La fonction syntaxique des éléments détachés est indiquée par des pronoms clitiques de rappel. Ainsi dans

(1) Ce que j'aime, *c'*est les nouilles
(2) Paul, son frère, *il le* voit souvent

ce que j'aime est repris par *c'* qui se trouve en position de sujet. En (2) *Paul* est repris par *il*, *son frère* par *le*. L'ambiguïté suscitée par le fait que les deux GN sont au masculin singulier est levée par l'ordre des éléments disloqués, qui correspond alors à l'ordre des clitiques, ou par l'intonation. Mais souvent l'ambiguïté n'est résolue que par le contexte extralinguistique :

Le patron, Paul, il le supporte pas

peut avoir *Paul* pour sujet mais aussi *le patron*. C'est avant tout la dynamique de la conversation qui dans ce cas décide du choix du repère.

Une propriété remarquable de cette construction est la possibilité de *juxtaposer les éléments disloqués*. Ces derniers peuvent même nouer des relations entre eux ; dans :

Charlotte, son manteau, il est déchiré
Paul, ce qu'il aime, c'est les nouilles

son manteau est lié à *Charlotte* grâce à la reprise par *son*. Quant à *il,* il reprend *Paul,* et *c'* le groupe *ce qu'il aime* ;
La dislocation peut se faire *à gauche et à droite* :

Marie, sa sœur, elle lui parle
Elle lui parle, *Marie, à sa sœur*

Mais la dislocation droite n'est pas exactement symétrique de la dislocation gauche, puisque *sa sœur* devient *à sa sœur* en passant à droite de la phrase étroite : **Elle lui parle, Marie, sa sœur.* De manière plus générale, la dislocation droite exige que la fonction soit marquée par l'élément détaché. Mais cette contrainte n'est pas toujours respectée.

La dislocation concerne les GN, mais aussi les constituants qui peuvent jouer le rôle de GN, c'est-à-dire les phrases-GN, qu'elles soient complétives ou infinitives. La reprise pronominale des phrases sujets se fait par *ce* ou *ça* :

(3) Partir, *c'*est mourir un peu

(4) J'*y* pense, à partir

(5) Voyager, *ça* fait du bien

(6) Qu'il parte demain, *ça* m'est égal

(7) Paul, *ça* m'est égal, qu'*il* parte demain

(8) *C'*est dommage, qu'il soit parti

(9) Je *le* regrette, qu'il soit parti

L'exemple (7) est remarquable ; il y a deux pronominalisations : l'une dite « cataphorique » entre *ça* et *qu'il parte demain,* l'autre dite « anaphorique » entre *Paul* et *il*, la première **croisant** la seconde (cf. *infra* p. 153).

– 8 –

Anaphore et cataphore

A de multiples reprises nous avons rencontré des unités linguistiques qui en « reprennent » d'autres ; c'est le cas en particulier des pronoms substituts (par exemple *lui* dans *J'ai vu Paul et lui ai parlé de Marie*). Mais nous n'avons pas encore accordé à ce phénomène l'attention qu'il mérite. C'est en effet un des objectifs majeurs de la syntaxe que de déterminer à quelles conditions certaines unités linguistiques peuvent tirer d'autres unités du contexte tout ou partie de leur interprétation.

I - QUELQUES DISTINCTIONS

En cette matière la terminologie n'est pas stabilisée. On emploie *anaphore* avec deux sens différents. Au sens large ce terme désigne l'ensemble des relations de reprise, de quelque type qu'elles soient ; au sens strict l'anaphore s'oppose à **cataphore** pour distinguer les reprises où le terme qui reprend *suit* le terme repris (**anaphore**) et celles où il le *précède* (**cataphore**). Il y aura donc « anaphore » en (1) ou (2) et « cataphore » en (3) ou (4) :

(1) *Paul* ne veut pas céder : *il* est têtu
(2) *Que Lucette ait eu tort,* Marie *le* niait
(3) On vit *ceci* : *Paul malade comme un chien*
(4) Je *le* connais, *ton frère*

M.A.K. Halliday et R. Hasan ont proposé de regrouper sous la notion d'**endophore** l'anaphore et la cataphore. Pour la clarté du propos nous utiliserons le terme *endophore*, mais ce dernier n'est pas encore très usité en linguistique française, où le plus souvent on emploie « anaphore » avec son sens large.

Dans l'endophore la référence d'un terme s'établit en recherchant un antécédent, avant ou après lui, dans le contexte **linguistique**. L'endophore s'oppose ainsi à l'**exophore**, où la référence du terme s'établit grâce au contexte **situationnel**. Distinction à l'œuvre par exemple dans cette paire d'énoncés :

> (5) *Cela* seul me préoccupe : ton bonheur
> (6) Prends *cela* et suis-moi

En (5) on a « endophore », plus précisément cataphore, car *cela* tire sa référence d'un segment postérieur du texte ; en (6) pour interpréter *cela* il faut le rapporter au contexte situationnel, à l'environnement non-textuel : il y a donc « exophore ».

L'endophore peut reprendre un terme sous trois dimensions distinctes :
— Comme ayant le même **référent** que lui : *Un cheval...il...* ;
— Comme ayant le même **signifié** : *le livre de Paul... le mien...* Ici c'est le sens de « livre » qui est anaphorisé, pas le référent (il ne s'agit pas du même livre) ;
— Comme ayant le même **signifiant**, le renvoi s'opérant de manière métalinguistique. Si l'on dit *Fleur est un beau mot ; il a cinq lettres,* le pronom *il* ne reprend ni le référent, ni le sens de *fleur* mais le **mot** lui-même.

Il a été proposé une distinction commode entre anaphore ou cataphore **segmentale** et **résomptive**. La première reprend une unité *inférieure à la phrase* (un GN ou un GA, par exemple), la seconde condense un fragment de taille *au moins égale à la phrase*. Dans les exemples *supra* (1) et (4) sont « segmentaux » et (2) et (3) « résomptifs ».

L'anaphore et la cataphore apparaissent comme des relations foncièrement **asymétriques** entre deux éléments ; dans cette pronominalisation, par exemple, le pronom et son antécédent ne sont pas sur le même plan :

> *Léopold* dit qu'*il* aime Charlotte (*il = Léopold*)

le pronom possède bien des marques de genre et de nombre, une fonction, mais il est dépourvu de sens. Pour en recevoir un, il doit être mis en relation avec un terme antécédent, *Léopold*, qui, lui, n'a pas besoin d'antécédent. On parle traditionnellement d'« antécédent », mais on peut aussi parler de terme **anaphorisé**, pour l'opposer au terme **anaphorisant**, ici le pronom *il*. De la même manière, on peut parler de terme **cataphorisé** et de terme **cataphorisant** :

> *Il* m'étonne beaucoup, *Paul*

Dans cet exemple *il* est l'élément cataphorisant et *Paul* l'élément « cataphorisé ».

On ne confondra pas « anaphore »/« cataphore » et « coréférence ». Deux unités peuvent fort bien être coréférentes sans qu'il y ait anaphore ou cataphore : par exemple quand il y a répétition d'un même embrayeur (*Je suis content...Je...*) ou deux GN qui réfèrent au même individu (*Ton mari... Paul...*).

II - LA DISJONCTION RÉFÉRENTIELLE

La relation endophorique peut être **intraphrastique**, c'est-à-dire s'établir entre des éléments situés *à l'intérieur de la même phrase*, ou **interphrastique**, entre des éléments situés *dans des phrases distinctes*. Encore faut-il préciser ce qu'on entend par l'« intérieur » d'une phrase. Il peut en effet s'agir de la phrase *étroite* (cf. *supra* p. 40) ou de la phrase *large*, qui inclut les positions de dislocation. Il peut également s'agir de la phrase élémentaire (la « proposition » traditionnelle) ou de la phrase complexe, qui inclut principale et subordonnées.

Un principe général, la **disjonction référentielle,** veut qu'une phrase étroite ne contienne pas deux unités ayant le même référent. Dans (1) et (2)

(1) *Un chien* a mordu *un chien*
(2) *Quelques habitants* détestent *quelques habitants*

il y a deux occurrences du même GN, mais on ne peut pas les interpréter comme référant aux mêmes individus.

La langue n'interdit pas complètement la coréférence dans la phrase étroite, mais elle la *réserve à certaines catégories*, en particulier les *attributs* et les *pronoms réfléchis*.

A/ Attributs et appositions

L'*attribut* et l'*apposition détachée* imposent la coréférence :

> *Paul* est *le mari de Julie*
> Paul est *un marin*
> *Paul, le mari de Julie*, nous a rejoints
> *Paul, un marin*, nous a rejoints

Mais dans les deux cas la coréférence est soigneusement contrôlée. La structure attributive est une structure qui a précisément la particularité d'imposer une coréférence entre deux GN. Quant à l'apposition, elle doit être placée *contre son antécédent* et *détachée* de la ligne principale de la phrase (en ce sens elle n'appartient donc pas vraiment à la phrase).

A côté de ces appositions détachées la langue tolère quelques coréférences mais en les confinant *à l'intérieur d'un même GN*. Les grammaires traditionnelles les appellent souvent « appositions », mais elles sont très différentes des appositions détachées. Ce phénomène est réservé à des classes limitées de noms et les restrictions sur la détermination sont considérables ; le plus souvent il n'y a qu'un seul article pour l'ensemble du GN et la nature de cet article est très contrainte :

> Le peintre Manet
> Le roi Pierre
> Mon frère Jules
> Mon ami le marin
> Une femme médecin
> La ville de Paris
> Le mois de mars
> La notion de vérité

Dans de telles structures les deux GN associés ne sont pas réellement sur le même plan ; il n'y a pas combinaison de deux unités autonomes coréférentes, mais l'un des termes sert à caractériser l'autre. Dans *le peintre Manet*, par exemple, il n'y a pas deux individus qui se trouvent être le même, mais un seul individu désigné comme *Manet* que l'on range dans la classe des peintres.

B/ Les pronoms réfléchis

◆ *Se* et *soi*

Quand on n'a pas affaire à un attribut, la coréférence entre deux GN de la même phrase n'est possible qu'avec des pronoms dits **réfléchis** :

— Entre un GN complément d'objet, direct ou indirect, et le sujet de la phrase (autre que de 1re ou 2e personne) on emploie l'anaphore clitique *se*, invariable en genre, en nombre et en cas :

(1) Un chien *se* mord
(2) Quelques habitants *se* détestent

Se ne se situe pas sur le même plan que *me* ou *te*. Avec des sujets de 1re ou 2e personne il n'y a pas pronominalisation mais répétition du même élément, qui varie éventuellement en cas : dans *Je me lave* le clitique *me* est la forme accusative de *je*.

— Après préposition on utilise *soi*, mais seulement lorsque le sujet réfère à un individu indéterminé (*quiconque, nul, on, personne, tout le monde...*) :

On a son arme sur *soi*
Chacun pense à *soi*

Ce sujet peut être phonétiquement nul quand il s'agit du sujet non-spécifié d'un infinitif (cf. *infra* p. 147) :

( ) Travailler pour *soi* est préférable

◆ *Lui-même*

A la différence de *se* ou *soi*, le pronom **lui-même** s'accorde en genre et en nombre avec son antécédent. Loin d'être réservé à la fonction de complé-

ment d'objet, il peut occuper diverses positions (cf.(3), (4), (5)), et même
« flotter » dans la phrase, en quelque sorte hors-position (cf.(1)-(2)).

(1) Jean a joué *lui-même* dans la pièce
(2) Jean a joué dans la pièce *lui-même*
(3) Il parle à *lui-même*
(4) Il trouve en *lui-même* les ressources nécessaires
(5) Loin d'*elle-même*, elle a sombré dans la folie

Le recours à *lui-même* est ressenti comme forcé dès que *se* aurait pu être
employé à sa place (cf.(3)) ; dans ce cas il faut un contexte où l'on met des
éléments en contraste : « c'est à lui-même qu'il parle, et non à un autre ».

Lui-même est réservé à l'interprétation **réflexive**, c'est-à-dire à une coréférence stricte : anaphorisant et anaphorisé sont la même personne. En revanche, l'interprétation de *se* n'est pas si rigide. Au pluriel ou avec un sujet
singulier de sens collectif (*l'équipe, l'armée...*) il peut recevoir une interprétation **réciproque** ; on peut ainsi comprendre *Quelques habitants se détestent* comme « Quelques habitants se détestent les uns les autres ». Avec
quelques verbes (*suivre, succéder...*) il peut exprimer une **succession** (*Les
soldats se suivent*), cas particulier de la réciprocité. Aussi rencontre-t-on
souvent d'insolubles ambiguïtés : *Les soldats se lavent* peut signifier « chaque soldat se lave » ou « les soldats se lavent les uns les autres ».

C/ Le problème de *se*

On considère traditionnellement *se* comme un « pronom de 3ᵉ personne »
qui remplacerait *il* quand il y a coréférence avec le sujet, c'est-à-dire
interprétation réfléchie. Pourtant, dans nombre de ses emplois *se* ne se
comporte pas comme un pro-nom, substitut du sujet. En particulier :
  — Dans les structures passives pronominales, médio-passives, impersonnelles qui emploient *se* en dehors de toute interprétation réfléchie ou réciproque : *Ce livre se vend mal, La branche s'est cassée, Il s'est dit beaucoup
de choses...* Ici la présence de *se* semble liée à l'absence de sujet ou d'objet.
  — Avec les verbes dits **intrinsèquement pronominaux**, qui n'ont
d'emploi que pronominal (*Il s'évanouit /*Il évanouit, Il se souvient / *Il
souvient*). Dans ce cas on ne voit pas ce que peut anaphoriser *se*.
  — Avec quantité de verbes qui ont un emploi pronominal et non-prono-

minal (*lever / se lever, rappeler / se rappeler...*) mais pour lesquels *se* ne peut guère être paraphrasé par *lui-même* ou *l'un l'autre.* Quand on dit *Paul se lève* on ne veut pas dire « Paul lève lui-même », alors qu'on peut interpréter *Paul se lave* comme « Paul lave lui-même ».

— Dans les emplois de « datif bénéfactif » où *se* ne marque pas l'identité entre objet et sujet mais seulement l'implication de l'agent dans le procès :

On *se* la mange, cette soupe ?
Ils *se* sont pris un petit bain
On *s'*est fait une petite promenade

Le point remarquable dans ces exemples est que le verbe exclut normalement la présence d'un objet indirect référant au bénéficiaire du procès : **faire une promenade à qqn. / *prendre un bain à qqn. / *manger une soupe à qqn...* Ici encore on peut difficilement proposer une interprétation de *se* en termes de pronom réfléchi.

La différence entre *se* et les pronoms substituts se manifeste également sur le plan *morphologique* : en effet, *se* est invariable en genre comme en nombre, alors que les véritables pronoms s'accordent avec leur antécédent.

Il est donc permis d'imaginer que l'interprétation réfléchie ne soit qu'une des interprétations de *se,* dont la valeur fondamentale serait par exemple d'indiquer que le procès exprimé par le verbe est orienté vers le sujet.

Au-delà de la phrase étroite la relation anaphorique s'établit par d'autres moyens que *se.* Ainsi, avec dislocation gauche ou droite retrouve-t-on la pronominalisation par *il, le, lui* :

Jean, Paul *lui* parle (*lui* = Jean)
*Jean, Paul *se* parle (*se* = *Jean*)

Le pronom *il* doit trouver son antécédent à l'extérieur de la phrase étroite : dans une position de dislocation, par cataphore (cf.(1)) ou anaphore (cf.(2)) ou dans une phrase antérieure (cf.(3)) :

(1) *Il* est venu, *Paul*
(2) *Paul, il* est venu
(3) *Paul* est venu, mais *il* n'est pas resté

Néanmoins, il existe quelques verbes dont le comportement brouille cette distribution. Ainsi *penser* n'accepte pas *se* et confère à *lui* une interprétation réfléchie :

> *Frédéric *se* pense (*il = se*)
> Frédéric pense *à lui* (*il = lui*)

Ce pronom *lui* (et ses variantes *elle/eux/elles*) n'a pas les mêmes propriétés qu'un pronom personnel clitique ; il est porteur d'un accent propre et, quand il a valeur réfléchie, se trouve placé après préposition :

> Marie rêve tout le temps d'*elle*
> Jean travaille pour *lui*

En outre, il est plutôt réservé aux animés humains (*Lui est ici* se dira d'un homme, non d'un camion).

III - LE SUJET DE L'INFINITIF

A/ Le contrôle

La question de savoir quand le pronom et son antécédent sont dans la *même* phrase et quand ils sont dans *deux* phrases distinctes se pose également pour *les subordonnées*. Et plus exactement pour les subordonnées à temps non-fini, dont on a vu (cf. *supra* p. 100) qu'elles ne sont pas autonomes par rapport à la principale. On perçoit ainsi une divergence intéressante entre (1) et (2) :

> (1) *Paul* veut que Marie *le* voie
> (2) **Paul* veut *le* voir (*Paul = le*)

Dans (1) le pronom *le* peut référer à *Paul*, mais non dans (2), qui n'est grammatical que si *le* réfère à un individu différent de *Paul*. Ainsi, pour la disjonction référentielle la complétive est traitée comme une phrase *distincte* de la principale, tandis que l'infinitive n'est pas autonome.

En fait, les données sont plus complexes. Considérons ces deux phrases :

(3) *Paul* a incité Marie à *le* pistonner
(4) *Paul* a entendu Jeanne *le* dénigrer

À la différence de ce qui se passe en (2), les infinitifs subordonnés dans (3) et (4) acceptent qu'il y ait relation anaphorique entre le *sujet* de la principale et un pronom clitique *le / la* complément du verbe à l'infinitif. Pourquoi ? Pour (4) la réponse semble assez immédiate : il n'y a pas disjonction référentielle entre *Paul* et *le* parce que le sujet non-nul de l'infinitive (*Jeanne*) sert en quelque sorte de barrière, il fait de l'infinitif un domaine plus étanche. Mais cette explication ne vaut pas pour (3), où le verbe à l'infinitif n'a pas de sujet phonétique pour rendre la proposition subordonnée plus autonome à l'égard de la principale : *Marie* est en effet objet direct du verbe de la principale, et non sujet de *pistonner*.

On peut comprendre ce qui se passe en (3) si l'on fait l'hypothèse que *la relation même du sujet sous-entendu de l'infinitif au terme qui permet de l'interpréter, à l'anaphorisé, constitue une sorte de pronominalisation.* Dans ce cas en effet le sujet sous-entendu servirait de barrière comme un sujet exprimé. Ainsi, dans l'énoncé (2)

Paul veut *le* voir

le sujet « sous-entendu » de *voir* serait une catégorie phonétiquement vide. Ce sujet de l'infinitif, la grammaire générative l'appelle PRO (abréviation en majuscules de *pronom*). On appelle **contrôle** la relation qui s'établit ainsi entre un GN de la principale et l'élément PRO. Notre exemple (2) aurait donc la forme suivante :

Paul veut [PRO *le* voir]

Ce sujet PRO, comme tout élément de type pronominal, a besoin d'un antécédent pour être doté d'une référence. Comment identifie-t-on cet antécédent ? Il doit se trouver dans la principale ; mais selon le verbe qui régit l'infinitif ce sera le GN sujet, le GN objet, ou ce pourra être les deux. Avec un verbe comme *vouloir* il n'y a qu'une possibilité : ce sera le GN sujet, par conséquent *Paul* dans notre exemple. Pour (3) le verbe *inciter* contraint l'antécédent de PRO à être l'objet direct, c'est-à-dire *Marie*. En revanche, dans

(5) Paul a proposé à Julie [de PRO partir]

il y a ambiguïté : PRO peut être « contrôlé », c'est-à-dire avoir pour antécédent, aussi bien *Paul* que *Julie.*

On comprend mieux à présent ce qui en (2) empêchait *le* d'avoir pour antécédent le sujet de la principale :

      * Paul veut [PRO le voir] (avec *le = Paul*)

En effet, comme PRO a pour antécédent *Paul*, le pronom *le* se trouve avoir le même référent que le sujet de l'infinitif : la disjonction référentielle s'applique alors, contraignant *le* à prendre la forme *se*. Il en va différemment dans (6) et (7), où le pronom *le* n'est pas coréférent du sujet PRO ; il ne prend donc pas la forme *se* :

      (6) Paul a incité Marie à [PRO le pistonner] (avec *le = Paul*)
      (7) Paul a entendu [Jeanne le dénigrer] (avec *le = Paul*)

B/ Les sujets non-contrôlés

Les sujets PRO ne sont pas nécessairement placés dans des phrases compléments d'objet ni contrôlés par un antécédent. On s'en aperçoit en (1) et (2) :

      (1) [PRO faire les valises] exaspère Raoul
      (2) [PRO fumer] est mauvais pour la santé

Avec ce type de structure, où l'infinitif est sujet de la phrase, le contrôle n'apparaît pas obligatoire ; en (1) il se fait avec *Raoul*, mais pas en (2) où PRO prend une valeur générique (il réfère à n'importe qui). Dans ce dernier cas c'est l'impossibilité même de trouver un antécédent au sujet sous-entendu qui permet de l'interpréter. En effet, c'est parce qu'il ne peut être rapporté à un GN particulier que le PRO prend ici une valeur générique : quel que soit l'individu que l'on sélectionne comme sujet, il est mauvais pour lui de fumer.

    Ce type de sujet non-contrôlé constitue d'ailleurs un argument en faveur de l'existence d'un élément PRO. Dans une phrase comme *Se laver tous les jours est nécessaire* l'élément *se* implique la présence d'un sujet sous-entendu, puisque le réfléchi s'emploie quand il y a identité entre le sujet de la phrase et le complément d'objet.

Les deux valeurs que peut prendre PRO, générique et particulière, sont une des illustrations d'un phénomène plus large. Quand dans la langue un élément nominal est dépourvu de référence et qu'il lui en faut une pour que la phrase soit interprétable, cette absence peut être compensée de deux façons :

— Par une *relation anaphorique ou cataphorique*, c'est-à-dire qu'il existe dans le contexte linguistique un élément qui lui fournit la référence qui lui manque : c'est le cas des PRO contrôlés (*Paul veut dormir*).

— Par une *interprétation générique* : l'absence de référence se retourne en référence non-spécifiable : c'est le cas des PRO non-contrôlés du type de *Dormir est nécessaire*.

Mais on peut aussi illustrer cette double possibilité en prenant l'exemple des pronoms relatifs :

(3) L'homme [*qui* est venu] ne t'a pas trouvé
(4) [*Qui* m'aime] me suive

En (3) on a affaire à une pronominalisation classique : *qui* trouve sa référence grâce à un GN antécédent. En revanche, dans la « relative sans antécédent » (4) le pronom prend une valeur générique : quel que soit l'individu, s'il aime l'énonciateur, alors il doit le suivre.

IV - L'ANAPHORE NOMINALE

A/ Divers types

Dans les sections précédentes de ce chapitre nous nous sommes intéressé essentiellement à l'anaphore des GN. Il est vrai que l'anaphore peut concerner d'autres catégories (par exemple l'adjectif : *Efficace, Marie le sera*) mais c'est la catégorie nominale qui offre dans ce domaine le système le plus riche. Cette notion d'« anaphore nominale » ne va cependant pas sans équivoque : il peut s'agir d'une reprise *par un GN* ou de la reprise *d'un*

GN. Dans *Marie est partie ; ça m'étonne* il y a anaphore par un élément de type GN (*ça*) d'une unité (*Marie est partie*) qui n'est pas un GN. En revanche, avec *Marie est partie ; elle avait l'air ravie* l'antécédent (*Marie*) comme l'anaphorisant (*elle*) sont des GN. C'est seulement ce dernier type de relation anaphorique nominale que nous allons considérer.

Selon la manière dont s'établit cette relation entre anaphorisant et anaphorisé on peut en distinguer :

— La **pronominalisation** : *Marie... elle...* ;
— La **reprise du nom** avec changement de déterminant (anaphore lexicale *fidèle*) : *Un cheval... ce/le cheval...* ;
— La **substitution lexicale** (anaphore lexicale *infidèle*) : *Le cheval... l'animal...*

Mais cette division ne prend pas en compte la distinction introduite au début de ce chapitre entre l'anaphore qui reprend seulement le **référent**, celle qui reprend le **signifié** et celle qui reprend le **signifiant**. L'anaphore peut en outre n'être que **partielle** :

(1) Ce livre est idiot. *Il* ne vaut rien
(2) J'ai vu tes amis. *Certains* sont malades
(3) Le chat est blessé. *L'oreille* est en sang

En (1) le pronom *il* reprend exactement le signifié et le référent de son anaphorisé, *ce livre*. En (2) *certains* (comme *plusieurs, quelques-uns, beaucoup...*, qui ont la même propriété) reprend seulement une partie du référent de l'anaphorisé, un sous-ensemble de *tes amis*. En (3) *l'oreille* est une partie de l'anaphorisé *le chat*, et non un sous-ensemble.

B/ La pronominalisation

L'anaphore pronominale ne coïncide pas avec la catégorie traditionnelle des « pronoms », qui mélange en fait deux types d'éléments aux propriétés distinctes : les **pronoms représentants** (ou **pronoms substituts**) et les **pronoms autonomes**. Seuls les premiers, qui varient en genre et en nombre, sont des anaphoriques, des unités qui représentent une autre unité. Les « pronoms autonomes » (*personne, rien, tout...*) sont pro-noms en ce sens qu'ils ont un statut de GN, mais ils n'ont pas besoin d'une relation anaphorique ou cataphorique pour être interprétés. Cela les rapproche des « pronoms » embrayeurs comme *je* ou *tu.* Mais certains éléments peuvent avoir un fonctionnement tantôt de pronom représentant, tantôt de pronom autonome ; ainsi *chacun* :

> *Chacun* ne pense qu'à soi (autonome)
> Ils revinrent. *Chacun* portait un sac (représentant)

Le **pronom** représentant possède par lui-même un référent mais il lui manque un signifié. Il doit l'emprunter à un anaphorisé, avec lequel il s'accorde le plus souvent en genre et en nombre. Etant donné le rôle crucial que jouent les déterminants dans le GN, il est compréhensible qu'aux diverses classes de déterminants correspondent diverses classes de pronoms :
Défini : *La voiture* / Je *la* vends
Partitif : *De la* purée / Il *en* reprend
Article indéfini : *Un* bureau / Je vais *en* acheter *un*
Quantifieur indéfini : *Beaucoup de* fleurs / *Beaucoup* sont là
Possessif : *Son* chat / J'ai pris *le sien*
Démonstratif : *Ce* chat / Je parle de *celui* de Paul (pronom simple) / Je parle de *celui-ci* (pronom composé).

En fait, les ***déterminants possessifs*** constituent déjà des anaphores pronominales : *son* dans *Marie a donné son livre* est l'équivalent de *de lui*. Mais l'accord en genre et en nombre se fait avec le nom déterminé et pas avec l'anaphorisé, *Marie*. Quant au ***pronom possessif***, il associe deux relations anaphoriques. Dans

> J'aime ta maison et celle de Paul. Mais *la sienne* est plus vaste

le pronom *la sienne* reprend le ***signifié*** de *maison,* mais opère aussi une pronominalisation du ***référent*** de *Paul*.

C/ L'anaphore lexicale fidèle

En matière d'anaphore nominale ***fidèle***, c'est-à-dire de reprise de la même unité lexicale, un des phénomènes les plus intéressants est la concurrence entre les déterminants *le* et *ce*. Il existe des contextes où *ce* et *le* sont tous deux utilisables :

> (1) Une mouche volait avec une abeille. *La / Cette mouche...*

D'autres où *le* semble exclu :

> (2) Il tua la mouche. *Cette mouche / *La mouche...*

D'autres où l'emploi de *ce* est moins naturel que celui de *le* :

> (3) Il vit un lion et une mouche. *La mouche / ? Cette mouche...*

L'anaphore par *ce* établit une relation directe avec le GN antécédent, elle le montre en quelque sorte du doigt. En revanche, l'anaphore fidèle par *le* vise un référent présupposé unique (ou multiple si c'est un GN au pluriel), qui désigne un être qui a certaines propriétés (par exemple en (1) d'être une mouche) et qui est identifiable par le fait qu'il a été mentionné précédemment dans le texte. La relation avec l'antécédent est donc beaucoup plus indirecte avec *le* qu'avec *ce*.

D/ L'anaphore lexicale infidèle

La coréférence, le fait que deux unités désignent le même référent, n'est pas nécessairement liée à un phénomène grammatical d'anaphore. Deux unités peuvent référer *parallèlement* au même objet, sans qu'il y ait entre elles de relation linguistique d'anaphore :

> (1) *La jeune fille* partit. *Madeleine...*
> (2) *Un boucher* entra... *L'homme...*

En (1) les deux GN en italique sont *coréférentiels*, ils désignent le même individu. Mais cette coréférence n'est pas établie par des voies grammaticales : c'est notre familiarité avec le contexte créé par la lecture qui nous permet de présumer qu'il s'agit de la même personne. Il s'agit de références « parallèles », non d'une anaphore grammaticale ; on pourrait d'ailleurs intervertir ces deux GN. En revanche, pour (2) il y a des marques linguistiques d'anaphore : une relation non-symétrique entre *un* et *le*, associée à une relation sémantique d'hyperonymie (la classe des *bouchers* est incluse dans celle des *hommes*). On ne peut donc intervertir les deux termes :

*L'homme entra. Un boucher...

Le coénonciateur peut établir par deux voies distinctes une relation d'anaphore infidèle entre deux termes : il peut s'appuyer sur un savoir **lexical**, par conséquent sur sa connaissance de la langue, ou sur un savoir **encyclopédique**, sur sa connaissance du monde. Dans l'exemple ci-dessus la relation entre *boucher* et *homme* est d'ordre lexical ; en revanche, il faut s'appuyer sur une connaissance du monde pour des anaphores entre *un gamin* et *l'ami de Paul* ou entre *ma sœur* et *la fiancée de Jules*. Cette distinction entre les deux types de savoir est commode, mais le partage exact entre eux est par définition impossible. Le lexique mêle en effet intimement présupposés culturels et sens lexical :

(3) Un soldat... L'homme...
(4) Une étudiante... La femme...
(5) Une étudiante... La jeune fille...

(3) implique l'appartenance des soldats au sexe masculin, ce qui ne va pas nécessairement de soi. (4) semble beaucoup moins bon que (5) car on associe plus facilement les étudiantes à la jeunesse. Mais (4) peut être parfaitement naturel dans certains contextes. Par exemple dans celui-ci :

Il n'y a plus de galanterie. Ce matin j'ai vu *une étudiante* se faire bousculer dans le métro par un type. C'est *la femme* qui s'est fait engueuler.

Mais l'anaphore infidèle ne fait pas que refléter un savoir antérieur. C'est souvent la dynamique textuelle qui permet au coénonciateur d'établir ces relations anaphoriques. Ainsi, dans le récit d'un fait divers où il y a divers protagonistes, si l'on trouve

Une vieille dame... La victime

l'histoire racontée permet de sélectionner sans difficulté *la victime* comme l'anaphorisant d'*une vieille dame*.

Cette liberté laissée à l'énonciateur de reprendre un GN par un autre lexicalement distinct ouvre le champ à des catégorisations et des jugements de valeur implicites. Reprendre *Deux hommes* par *les assassins* ou *les militants*, c'est faire passer subrepticement des implicites : « les deux hommes sont des assassins », « les deux hommes sont des militants ».

Cas particulier de l'anaphore lexicale infidèle, l'anaphore **par association** (ou **associative**) repose sur une relation de tout à partie :

C'était des chevaux étranges. *Les sabots* étaient petits, *la crinière* soyeuse

les sabots et *la crinière* ne sont pas strictement coréférents de *des chevaux*, mais constituent une partie des chevaux. C'est ce qui permet de recourir à l'article défini *le*. Le champ de l'anaphore associative est très étendu, car pour l'établir il suffit de se satisfaire d'une relation indirecte entre deux entités qui appartiennent à un même domaine de la réalité :

Mon livre est fichu. *Le libraire* l'a réexpédié

Le livre n'est pas à proprement parler une partie du *libraire*, mais *livre* et *libraire* sont englobés dans un même domaine d'activité, celui du commerce des livres.

V - LA CATAPHORE

Dans l'anaphore l'identification du référent s'opère à travers un terme du contexte *antérieur*, un « antécédent ». Dans la **cataphore** cette identification implique le contexte *postérieur*. Ces deux relations ne sont cependant pas exclusives l'une de l'autre. Il arrive qu'un même élément les cumule :

J'adore les fruits, la natation ; *ça* fait toujours plaisir, les fruits.

Le pronom *ça* est à la fois cataphorique dans sa phrase (il anticipe sur *les fruits* en position disloquée) et anaphorique par rapport à *les fruits* qui le précède.

Il arrive même que le contexte antérieur *et* le contexte postérieur soient tous deux nécessaires pour interpréter un élément. En particulier dans certaines incises :

Les hommes — *c'est bizarre* — croient au Père Noël

Ici l'identification du référent du pronom *ce* mobilise les deux contextes.

A/ La cataphore intraphrastique

Comme pour l'anaphore on distingue les cas où la cataphore lie deux éléments de la *même* phrase (cataphore **intraphrastique**) et ceux où ces deux éléments appartiennent à des phrases *distinctes* (cataphore **interphrastique**). Mais cette distinction repose la question des limites de la « phrase » : phrase étroite ? phrase avec dislocation ? phrase complexe ? Ces trois cas sont représentés dans les exemples (1) à (3), où nous mettons en italique l'élément cataphorisant :

(1) *Son* avarice nuit à Paul (*son* = celle de Paul)
(2) *Il* est venu, Paul
(3) Lorsqu'*il* arrive, Paul se repose

Dans (1) le pronom inclus dans *son* se trouve dans la même phrase étroite que le terme cataphorisé, *Paul*. En (2) le cataphorisé est en position disloquée droite, tandis qu'en (3) le pronom se trouve dans une subordonnée circonstancielle qui précède la phrase où figure *Paul*.

Ce type de cataphore est réglementé par la langue. On confrontera ainsi (1) à (4), qui est agrammatical parce que *Paul* n'est pas objet indirect, comme en (1), mais inclus dans un GP circonstanciel :

(4) **Son* avarice est obsédante chez Paul (*son* = celle de Paul)

On constate une fois de plus une tension entre le caractère *linéaire* de l'énoncé et sa dimension *structurale*. En (1) comme en (4) *son* est placé devant l'anaphorisé, mais cette similitude masque une différence importante en ce qui concerne leur position dans la structure de la phrase : dans (1) la relation du GN sujet *son avarice* avec l'objet indirect *à Paul* est plus étroite qu'avec un complément circonstanciel comme *chez Paul* en (4). *Son avarice* est sujet du verbe dont *Paul* est complément, alors que le circonstanciel n'a pas de position fixe dans la phrase et n'est pas régi par le verbe. En d'autres termes, dans (1) *son avarice* et *Paul* sont inclus dans un même domaine syntaxique ; ce qui n'est pas le cas en (4).

Ces phénomènes sont très compliqués et font l'objet de multiples travaux. Les explications purement syntaxiques, en termes d'appartenance à un même domaine, de domination d'un constituant par un autre, sont insuffisantes. D'autres critères interviennent. On le voit dans le contraste entre (5) et (6) :

(5) L'homme qui *la* faisait travailler a congédié les employés que *Marie* haïssait

(6) *L'homme qui *les* faisait travailler a congédié Marie que *trois hommes* haïssaient

Le caractère défini ou indéfini du terme cataphorisé (*Marie* est défini, *trois hommes* indéfini) semble avoir une influence sur la grammaticalité de la phrase. Ce genre de difficulté se retrouve avec les phrases coordonnées. On ne peut pas dire

(1) *Il* est malade et *Jean* s'endort

mais la grammaticalité de (2) ne fait pas de doute :

(2) Paul *lui* jette un os et *le chien* se précipite

Le fait que le pronom soit ou non sujet joue donc un rôle. Mais le sens aussi : quand la relation sémantique entre les deux phrases n'est pas serrée la cataphore devient difficile.

B/ La cataphore interphrastique

Nous venons d'évoquer des cataphores qui sont soumises à des contraintes syntaxiques. Les cataphores *interphrastiques*, celles qui s'établissent entre des phrases non liées par subordination ou coordination, ne connaissent pas ce type de contraintes.

Pour ces relations interphrastiques la cataphore diverge de l'anaphore. Si cette dernière recourt beaucoup aux *pronoms qui s'accordent en genre et en nombre* avec un antécédent désignant un être animé ou inanimé, la cataphore nourrit une prédilection pour les pronoms *invariables* neutres *le* ou *ce* à valeur « résomptive », c'est-à-dire qui reprennent des unités de taille au moins égale à la phrase (événements, états, propositions...). Ce contraste peut être mis en évidence avec (1) et (2) :

> (1) *Jacques* va venir. *Il* doit nous parler
> (2) Je *le* sais : *on ne peut pas tout faire*

En (1) il y a anaphore d'un GN par un pronom variable en genre et nombre ; en (2) la cataphore reprend une phrase entière avec un pronom invariable.

Le **pronom** sujet neutre *ce* est particulièrement utilisé dans ces cataphores résomptives, pour anticiper sur l'énoncé qui suit :

> *C'*est curieux : il n'y a personne

Mais l'unité ainsi anticipée peut être beaucoup plus étendue. Ainsi en début de récit : « *C'*était à Mégara, faubourg de Carthage... ».

Quant au **déterminant** *ce*, alors que l'anaphore l'emploie surtout pour référer à des êtres concrets (comme en (3)), il n'est employé dans la cataphore que de manière résomptive (comme en (4)) ou métalinguistique, pour référer aux mots mêmes (comme en (5)) :

> (3) Un homme entra. *Cet* homme...
> (4) Pensez à *cette* situation : seul au milieu des requins
> (5) Je vous livre *ces* mots : Paix et force

De manière plus générale, anaphore et cataphore n'investissent pas les mêmes types de discours. L'anaphore joue un rôle privilégié dans la narration, pour enchaîner des actions. La cataphore est étroitement liée à des interventions de l'énonciateur qui commente son propre dire (*Je l'avoue*) ou anticipe sur lui (*Une chose est certaine : il a eu raison*).

Conseils bibliographiques

Introduction à la linguistique française
CHISS J.-L., FILLIOLET J., MAINGUENEAU D., *Linguistique française : Notions fondamentales, Phonétique, Lexique*, Paris, Hachette, 1993
— *Linguistique française : Communication, Syntaxe, Poétique*, Hachette, 1992
GARY-PRIEUR M.-N., *De la grammaire à la linguistique*, Paris, A.Colin, 1985

Initiation à l'analyse et au raisonnement linguistique
Ces deux ouvrages sont inspirés par la grammaire générative. Le premier propose des analyses de corpus avec corrigés. Le second est une série d'études sur des phénomènes linguistiques variés :
DELAVEAU A., KERLEROUX F., *Problèmes et exercices de syntaxe française*, A. Colin, 1985
MILNER J.-C., *Ordres et raisons de langue*, Paris, Seuil, 1982

Grammaires traditionnelles de référence
Il s'agit de grammaires qui proposent un panorama relativement détaillé de la syntaxe et de la morphologie du français. La première prend en compte la langue des XVIIe et XVIIIe siècles :
WAGNER R.-L., PINCHON J., *Grammaire du français classique et contemporain*, Paris, Hachette, 1962, Nlle éd. 1991
CHEVALIER J.-C. *et alii*, *Grammaire du français contemporain*, Paris, Larousse, 1964

Grammaires d'inspiration linguistique
L'ouvrage de M. Arrivé *et alii* n'est pas à proprement parler une grammaire mais une sorte de dictionnaire, utile pour faire le point sur telle ou telle notion. Les deux autres sont complémentaires : le premier est centré sur la phrase, le second sur l'insertion des phrases dans l'unité plus vaste du texte.
ARRIVÉ M., GADET F., GALMICHE M., *La Grammaire d'aujourd'hui, Guide alphabétique de linguistique française,* Flammarion, 1986, 720 p.
LE GOFFIC P., *Grammaire de la phrase française*, Paris, Hachette, 1994, 592 p.
WEINRICH H., *Grammaire textuelle du français*, Didier, 1989, 672 p.

Grammaire historique
Pour l'histoire de la langue on peut se référer à deux ouvrages très différents. Le premier est une véritable histoire, le second une série d'entrées de dictionnaire :
PICOCHE J., MARCHELLO-NIZIA C., *Histoire de la langue française*, Paris, Nathan, 1991, 400 p.
BONNARD H., articles de grammaire du *Grand Larousse de la Langue Française,* 7 volumes, Paris, Larousse, 1971-1978

Revues
L'essentiel de la recherche est transmis dans des articles de revues. En matière de linguistique française on citera en particulier *Langue française* (Larousse), revue trimestrielle à thème (« Lexique et grammaire », « L'interrogation »...) et *Le Français moderne*, revue trimestrielle publiée par le Conseil International de la Langue Française.

Index alphabétique

Achevé d'imprimer par Rotolito Lombarda
Dépôt légal 3731-09/94
Collection 75 - Edition 01
14/4915/6